Ebenfalls in dieser Reihe erschienen:
Geheimnisvolle Welt.
Rätselhaftes aus Geschichte, Natur und Wissenschaft.
ISBN 978-3-8174-1592-2
Geheimnisvolles Meer.
Unglaublich, gefährlich, atemberaubend.
ISBN 978-3-8174-1591-5
Geheimnisvolle Welt der Tiere.
In dunklen Wäldern, tiefen Meeren und im ewigen Eis.
ISBN 978-3-8174-1732-2
Geheimnisvoller Weltraum.
Dunkle Weiten, fremde Planeten und ungelöste Rätsel.
ISBN 978-3-8174-1731-5
Geheimnisvoller Regenwald.
Wild, exotisch, unentdeckt.
ISBN 978-3-8174-1740-7

compact kids ist ein Imprint der Compact Verlag GmbH

© Compact Verlag GmbH
Baierbrunner Straße 27, 81379 München
Ausgabe 2018

Alle Rechte vorbehalten. Nachdruck, auch auszugsweise,
nur mit ausdrücklicher Genehmigung des Verlages gestattet.

Text: Norbert Lindholm
Illustrationen: Timo Grubing
Redaktion: Jennifer Döhring
Fachredaktion: Bernd Fuchs, Leitender Kriminaldirektor i. R.,
Chefredakteur Kriminalistik
Produktion: Ute Hausleiter
Abbildungen: siehe Bildnachweis S. 77
Gestaltung: Enrico Albisetti

ISBN 978-3-8174-1748-3
381741748/2

www.compactverlag.de

GEHEIMNISVOLLE WELT DER KRIMINALISTIK

VERBRECHER, ERMITTLER UND SPURENSUCHER

TEXT VON
NORBERT LINDHOLM

ILLUSTRATIONEN VON
TIMO GRUBING

INHALT

DEN VERBRECHEN AUF DER SPUR — 8

- WAS IST EIN VERBRECHEN? 10
- WER JAGT DIE TÄTER? 12
- WARUM BEGEHEN MENSCHEN VERBRECHEN? 14

SO ARBEITET DIE KRIPO — 16

- WIE IST DIE KRIPO ORGANISIERT? 18
- WIE FUNKTIONIERT EINE ERMITTLUNG? 20
- WIE WIRD MAN KRIMINALKOMMISSAR UND WAS MUSS MAN KÖNNEN? 24
- WIE BESCHATTET MAN EINEN VERDÄCHTIGEN? 28
- WAS MACHT EIN FALLANALYTIKER? 30
- WAS IST BEI DER TATORTSICHERUNG ZU BEACHTEN? 32
- WIE ARBEITET DIE SPURENSICHERUNG? 34

WAS PASSIERT IM KRIMINALTECHNISCHEN INSTITUT?	38
WELCHE GEHEIMNISSE DECKEN BALLISTIKER AUF?	42
WAS IST DAS GEHEIMNIS DER DNA?	44
WAS VERRÄT EINE OBDUKTION?	46
WELCHE GEHEIMNISSE ENTSCHLÜSSELN TOXIKOLOGEN?	50
WIE IDENTIFIZIERT MAN EINEN UNBEKANNTEN TOTEN?	52

BERÜHMTE VERBRECHER UND UNGELÖSTE FÄLLE — 54

DER AMERIKANISCHE GANGSTERBOSS AL CAPONE	56
EUGÈNE VIDOCQ – VOM DIEB ZUM BERÜHMTEN DETEKTIV	58
DER DREISTE ZUGRÄUBER RONALD BIGGS	60
DAS ATTENTAT AUF JOHN F. KENNEDY	62
DIE MORDE VON JACK THE RIPPER	64

JETZT ERMITTELST DU! — 66

DEINE DETEKTIVAUSRÜSTUNG	68
SO SICHERST DU FINGERABDRÜCKE	70
SO ENTRÄTSELST DU TIERSPUREN	72
SO MACHST DU EINE CHEMISCHE ANALYSE	74

DEN VERBRECHEN AUF DER SPUR

WILLST DU WISSEN, WIE ECHTE ERMITTLER
VERBRECHEN AUFKLÄREN? VIELES IST NÄMLICH
IN WAHRHEIT GANZ ANDERS ALS IN DETEKTIVGESCHICHTEN
ODER IM FERNSEHEN. HIER ERFÄHRST DU ZUNÄCHST,
WAS EIGENTLICH EIN VERBRECHEN IST. ZUM BEISPIEL,
WORIN SICH EIN MORD VOR EINEM TOTSCHLAG
ODER EIN DIEBSTAHL VON EINEM RAUB UNTERSCHEIDET.
UND WUSSTEST DU SCHON,
WANN DIE POLIZEI TÄTIG WIRD UND WANN SICH
DETEKTIVE AUF VERBRECHERSUCHE MACHEN?
TAUCH EIN IN DIE SPANNENDE WELT
DER KRIMINALISTIK!

WAS IST EIN VERBRECHEN?

 ## DU UND DIE SCHULORDNUNG

Nehmen wir mal an, du fährst auf dem Schulhof Fahrrad, obwohl das verboten ist. Begehst du damit ein Verbrechen? Natürlich nicht! Dein Handeln ist nur ein Verstoß gegen die Schulordnung. Du wirst ermahnt und musst vielleicht sogar nachsitzen, aber niemand wird die Polizei holen.

 ## DER DIEB IM LADEN

Etwas anderes ist es, wenn jemand einen Ladendiebstahl begeht. Wer klaut, verstößt nicht nur gegen eine Ordnung, sondern gegen das Gesetz. Der Ladenbesitzer wird die Polizei rufen und der Dieb wird bestraft werden. Aber auch er ist noch kein Verbrecher. Denn als Verbrechen bezeichnet man nur sehr schwere Verstöße gegen das Gesetz. Solche, für die es mindestens ein Jahr Gefängnis gibt. Alle anderen Gesetzesverstöße sind sogenannte Vergehen. Bei manchen einfacheren Vergehen ermittelt die Polizei nur, wenn jemand Anzeige erstattet und ausdrücklich Strafantrag stellt. Bei einem Verbrechen dagegen muss sich die Polizei auch ohne Anzeige um die Aufklärung kümmern.

⭐ DIE POLIZEI VOR EINEM RÄTSEL

Oft weiß die Polizei am Anfang ihrer Ermittlungen nicht, ob überhaupt ein Verbrechen stattgefunden hat. Wenn zum Beispiel eine Leiche gefunden wird, kann es sein, dass der Tote einen Unfall hatte. Oder jemand hat ihn eigentlich nur verletzen, aber nicht töten wollen. Das ist dann kein Mord, sondern Körperverletzung mit Todesfolge oder fahrlässige Tötung.

⭐ DIE HINTERGRÜNDE SIND WICHTIG

Auch wenn jemand absichtlich tötet, kommt es auf die Gründe, das Motiv, an. Wenn sich der Täter nur gegen das Opfer verteidigt hat, dann ist das Notwehr und wird oft überhaupt nicht bestraft. War der Täter aber betrunken, sehr wütend oder aus einem anderen Grund nicht ganz zurechnungsfähig, so bekommt er eine mildere Strafe, wenn ihm das der Richter glaubt.

DAS SIND VERBRECHEN!

Diebstahl wird erst zum Verbrechen, wenn jemand sehr viel stiehlt oder dabei Gewalt anwendet, also einen Raub begeht. Andere Verbrechen sind Mord und Totschlag, schwere Körperverletzung, Entführung, Erpressung und Brandstiftung, aber auch wenn jemand die Flüsse, Seen oder den Boden vergiftet.

WER JAGT DIE TÄTER?

⭐ ZWEIERLEI POLIZEI

Es ist Aufgabe der Polizei, die Bevölkerung vor Straftaten zu schützen. Wahrscheinlich weißt du, dass es zwei Arten von Polizisten gibt. Die einen tragen Uniform und werden Schutzpolizisten genannt. Ihre Aufgabe ist es, dafür zu sorgen, dass möglichst keine Straftaten geschehen. Dafür fahren sie „Streife". Das bedeutet: Sie sind auf den Straßen unterwegs, um zu sehen, ob alles in Ordnung ist. Sie schützen auch große Veranstaltungen wie Demonstrationen oder Fußballspiele. Aber auch bei Straftaten sind sie meist als Erste vor Ort.

⭐ EIN FALL FÜR DIE KRIPO

Bei schweren oder komplizierten Delikten übergeben die Schutzpolizisten den Fall an die Kriminalpolizei. Ihr Name kommt von dem lateinischen Wort „crimen", das „Verbrechen" bedeutet. Kriminalpolizisten tragen keine Uniform, damit Verbrecher nicht gleich erkennen, dass sie Polizisten sind. Sie fahnden nach dem Täter, suchen Beweise und forschen nach den Motiven für die Tat. Die Ergebnisse ihrer Ermittlung geben sie an die Staatsanwaltschaft und das Gericht weiter.

⭐ HIER ERMITTELN DETEKTIVE!

Neben den Kriminalpolizisten gibt es auch noch Detektive. Sie sind nicht beim Staat angestellt wie die Polizisten, sondern werden von Privatpersonen beauftragt. Wozu aber werden sie gebraucht? Manche Menschen, die Opfer eines Verbrechens geworden sind, engagieren einen Detektiv, weil sie glauben, dass er mehr herausfinden kann als die Polizei. Andere wollen, dass die Tat geheim bleibt. Zum Beispiel, wenn sie den Verdacht haben, dass ein Verwandter sie bestohlen hat. Oft geht es aber auch gar nicht um Verbrechen. Viele Menschen heuern zum Beispiel einen Detektiv an, damit er einen Menschen findet, zu dem sie viele Jahre keinen Kontakt mehr hatten.

FÜR DETEKTIVE VERBOTEN!

Ein Detektiv muss sich bei seiner Arbeit streng an die Gesetze halten. Er darf zum Beispiel nicht einfach irgendwo einbrechen oder Leute abhören, auch wenn man das im Fernsehen oft sieht. Polizisten dagegen dürfen das, wenn es für ihre Ermittlungen nötig ist und es das Gesetz erlaubt. Sie müssen aber vorher jedes Mal extra eine gerichtliche Erlaubnis einholen, außer wenn es eilig ist.

WARUM BEGEHEN MENSCHEN VERBRECHEN?

⭐ REINGERUTSCHT!

Viele Menschen denken, dass die meisten Straftäter gewohnheitsmäßige Verbrecher sind, die ständig gegen das Gesetz verstoßen. Doch das stimmt nicht. Oft rutschen Straftäter in ein Verbrechen hinein, weil sie selber schwere Probleme haben, die sie nicht lösen können. Sie stehlen zum Beispiel, weil sie Schulden haben, die sie nicht bezahlen können. Oder sie betrinken sich, weil sie ihre Arbeit verloren haben. Wenn sie dann noch von jemandem provoziert oder gedemütigt werden, dann kann es passieren, dass sie so ausrasten, dass sie jemanden schwer verletzen oder sogar töten.

⭐ EINE ZWEITE CHANCE

Wenn sie wieder klar denken können, bereuen Täter oft, was sie getan haben. Sie werden dann nicht so hart bestraft wie Verbrecher, die von Straftaten leben wollen. Wenn man davon ausgehen kann, dass sie wahrscheinlich nie wieder so etwas tun, dann erhalten auch Menschen, die eine schwere Straftat begangen haben, nach einigen Jahren im Gefängnis die Chance auf ein neues Leben.

⭐ GEFÄHRLICHE BANDEN

Manchmal verbirgt sich hinter einem normalen Diebstahl oder Wohnungseinbruch auch eine ganze Serie von Taten, die alle von derselben Bande begangen wurden. Ein solches Vorgehen heißt in der Polizeisprache „organisierte Kriminalität". Wenn es Anzeichen für organisierte Kriminalität gibt, dann arbeiten besonders viele Ermittler an einem Fall. Manchmal über hundert. Schließlich will die Kripo nicht nur die eigentlichen Täter fangen. Denn diese „kleinen Fische", wie sie genannt werden, werden manchmal zu ihren Taten nur gezwungen. Die eigentlichen gefährlichen Verbrecher sind die Bosse, die sich im Hintergrund halten und sich die Hände nicht selbst schmutzig machen. Um sie zu überführen, muss die Kripo all ihr Können aufwenden.

AUF DAS MOTIV KOMMT ES AN

Es ist sehr wichtig, dass die Polizei einen Täter nicht nur fasst, sondern auch genau herausfindet, was für Motive er gehabt hat. Denn nur dann kann später vor Gericht ein faires Urteil gefällt werden.

SO ARBEITET DIE KRIPO

IM FERNSEHEN LIEFERN SICH DIE POLIZISTEN OFT AUFREGENDE VERFOLGUNGSJAGDEN MIT DEN VERBRECHERN UND ZWINGEN SIE SCHLIESSLICH MIT VORGEHALTENER PISTOLE ZUM AUFGEBEN. IM ECHTEN LEBEN SIEHT EINE VERBRECHERJAGD GANZ ANDERS AUS. UM DEM TÄTER AUF DIE SCHLICHE ZU KOMMEN UND IHM SEINE TAT NACHZUWEISEN, BRAUCHEN DIE POLIZISTEN NICHT IHRE WAFFEN, SONDERN VOR ALLEM KÖPFCHEN. SIE VERFÜGEN ÜBER AUSGEFEILTE METHODEN UND VIELE TRICKS, UM DEN VERBRECHERN AUF DIE SPUR ZU KOMMEN. WELCHE DAS SIND, ERFÄHRST DU IN DIESEM KAPITEL.

WIE IST DIE KRIPO ORGANISIERT?

 DEZERNATE UND KOMMISSIONEN

Für den Erfolg ist eine gute Organisation sehr wichtig. Das ist auch bei der Verbrechensbekämpfung so. In jeder größeren Stadt gibt es eine Dienststelle der Kriminalpolizei. Sie ist in verschiedene Dezernate oder Kommissariate unterteilt. Jedes ist auf eine bestimmte Art von Verbrechen spezialisiert. Zum Beispiel auf Tötungsdelikte. Oder auf Betrug. Oder organisierte Kriminalität. Oder Raub und Diebstahl. In jedem Dezernat gibt es dann mehrere Gruppen von Polizisten, die gemeinsam an einem Fall arbeiten.

 EIN FALL FÜR DIE SONDERKOMMISSION

In Büchern oder im Fernsehen lösen oft nur ein oder zwei Ermittler einen Fall. Um aber echten Verbrechern auf die Spur zu kommen, ist das viel zu wenig. Normalerweise besteht eine Kommission aus etwa acht bis zehn Polizisten. Aber manchmal werden auch Spezialisten aus anderen Dezernaten dazugeholt. Bei besonders brisanten Fällen wie etwa einem Anschlag oder einer Entführung werden sehr große Sonderkommissionen gegründet.

⭐ LAUTER SPEZIALISTEN

Eine Kommission hat natürlich immer einen Kommissionsleiter. Ganz wichtig sind auch Schreibkräfte und Sachbearbeiter, die die Ergebnisse festhalten, damit alle den Überblick bewahren. Die anderen Mitglieder einer Kommission sind Kriminalkommissare. Oder Kommissarinnen. Denn alle Aufgaben bei der Kripo können natürlich auch von Frauen erledigt werden. Auch wenn ein Kommissar grundsätzlich alles können muss, haben die meisten einen Arbeitsbereich, in dem sie besonders erfahren sind, etwa Tatortarbeit, Fahndung, Zeugenbefragung oder Vernehmung.

LKA UND BKA

Außer den Kriminaldienststellen gibt es in jedem Bundesland ein Landeskriminalamt, kurz LKA. Das LKA wird bei besonders schweren und komplizierten Fällen eingeschaltet. Über den verschiedenen Landeskriminalämtern steht noch das Bundeskriminalamt, das BKA. Das BKA wird zum Beispiel eingeschaltet, wenn eine Bande in ganz Deutschlands aktiv ist oder Verbindungen ins Ausland hat.

WIE FUNKTIONIERT EINE ERMITTLUNG?

⭐ AM ANFANG STEHT DIE NOTRUFZENTRALE

Weißt du, was die 110 und die 112 sind? Das sind Notrufnummern. Wenn du sie wählst, wirst du automatisch mit der nächsten Notrufzentrale verbunden. Die Menschen in der Zentrale geben deinen Alarm an die richtige Stelle weiter, egal ob du einen Krankenwagen, die Feuerwehr oder die Polizei benötigst. Wenn ein Verbrechen gemeldet wird, dann informiert die Notrufzentrale den Streifenwagen, der am nächsten am Tatort ist.

⭐ DIE KRIPO ÜBERNIMMT

Die Streifenpolizisten loten erst einmal die Situation aus. Wenn noch eine akute Gefahrenlage besteht – also wenn es zum Beispiel Verletzte gibt, einen Brand oder einen Kampf, der noch andauert – kümmern sie sich erst einmal darum und alarmieren Hilfe. Wenn nicht, dann rufen sie die Kriminalpolizei und sichern den Tatort. Das bedeutet, sie sperren ihn ab, damit niemand die Spuren zerstört. Außerdem versuchen sie Zeugen zu finden. Wenn die Kriminalpolizei am Tatort eintrifft, übernimmt sie die Leitung der Ermittlungen.

⭐ DREI TAGE HOCHDRUCK

Für die Kripo ist es wichtig, zunächst einmal die Spuren am Tatort zu sichern und nach Zeugen zu suchen. Das muss sehr schnell geschehen, weil Spuren zerstört werden können und weil sich die Menschen sonst nicht mehr gut genug erinnern. Überhaupt wird in den ersten zwei, drei Tagen nach der Tat unter Hochdruck an einem Fall gearbeitet. Denn in dieser Zeit sind die Chancen, etwas herauszubekommen, am besten.

⭐ NACH DER VERHAFTUNG

Wenn die Beamten gut ermitteln und Glück haben, können sie schnell einen Verdächtigen verhaften. Doch dann ist ihre Arbeit noch lange nicht vorbei. Sie müssen ihn entweder zu einem Geständnis bringen oder ihm anhand von ausreichend Spuren – von Indizien – die Tat nachweisen. Wenn der Staatsanwalt glaubt, dass genügend Material gegen den Täter vorhanden ist, erhebt er Anklage vor Gericht.

STAATSANWALT UND ERMITTLUNGSRICHTER

Während ihrer Ermittlungen müssen die Polizisten ihre Ergebnisse dem Staatsanwalt vorlegen. Dieser kontrolliert ihre Arbeit. Außerdem brauchen sie, wenn sie eine Wohnung durchsuchen, jemanden abhören oder festnehmen wollen, die Genehmigung des Ermittlungsrichters.

★ HILFREICHE KRIMINALTECHNIKER

Die Kommissare gehen nicht alleine auf Verbrecherjagd. Zu ihren wichtigsten Helfern gehören die Kriminaltechniker. Diese haben eine zusätzliche Spezialausbildung oder sind zum Beispiel Biologen, Chemiker, Elektriker und vieles mehr. Die Wissenschaftler betreiben zusammen mit den Tatort-Spezialisten von der Kripo die Spurensicherung vor Ort und werten die gesammelten Spuren anschließend im Labor aus. Die Polizeibehörden vor Ort haben meist aber nur kleine Labore. Außergewöhnliche Untersuchungen oder solche, für die es teure Geräte braucht, führen die Labore der Landeskriminalämter oder des BKA durch.

★ DIE AUFGABE DER RECHTSMEDIZINER

Wenn es Tote gegeben hat, kommen auch Rechtsmediziner zum Einsatz, die die Leichen genau untersuchen. Sie sind nicht bei der Polizei angestellt, sondern an einer größeren Universitätsklinik im Institut für Rechtsmedizin. Wenn sie nicht gerade für die Polizei tätig sind, bilden sie Studenten aus, die ebenfalls Rechtsmediziner werden wollen, oder betreiben Forschung. Sie untersuchen auch schwer verletzte Personen und schreiben Gutachten für die Gerichte.

⭐ WER NOCH ALLES HILFT

Die Kriminalpolizei kann auch normale Streifenpolizisten zur Unterstützung ihrer Ermittlung anfordern. Das tut sie zum Beispiel, wenn sie einen Vermissten sucht, ein großes Gebiet nach einer Tatwaffe absuchen oder sehr viele Nachbarn befragen muss. Außerdem gibt es zahlreiche Sondereinsatzgruppen, die bei den Ermittlungen helfen. Zum Beispiel die Hundestaffel. Polizeihunde können nicht nur nach vermissten Personen suchen, sondern zum Beispiel auch Sprengstoffe, Drogen und andere gefährliche Stoffe aufspüren. Andere Sondereinheiten sind Polizeitaucher oder Hubschrauber zur Großfahndung.

EIN FALL FÜR DAS SEK

Wenn ein gefährlicher Verdächtiger verhaftet werden soll, ruft die Kripo das SEK, das Spezialeinsatzkommando. SEK-Beamte tragen Schutzkleidung und sind schwer bewaffnet. Vor der Verhaftung versperren sie alle Fluchtwege. Wenn der Täter trotzdem zu entkommen versucht, stoppen die SEK-Beamten ihn notfalls auch mit Schusswaffen. Wilde Verfolgungsjagden dagegen gibt es in Wirklichkeit fast gar nicht.

WIE WIRD MAN KRIMINALKOMMISSAR UND WAS MUSS MAN KÖNNEN?

⭐ NICHT OHNE ABITUR

Kommissar zu werden ist nicht leicht. Im Gegensatz zu anderen Jobs bei der Polizei braucht man dazu meist das Abitur. Dann muss man die Aufnahmeprüfung für eine Polizeihochschule bestehen. Angehende Kommissare müssen sportlich sein und dürfen keine schweren Krankheiten haben. Aber auch der Charakter muss stimmen. Kriminalistische Arbeit braucht häufig viel Geduld und Einfühlungsvermögen. Wer schnell Vorurteile fasst oder leicht ausrastet, ist für diesen Beruf nicht geeignet.

⭐ AUSBILDUNG AN DER POLIZEIHOCHSCHULE

Das Studium an der Polizeihochschule dauert drei Jahre. Die künftigen Kommissare müssen sich entscheiden, ob sie zur Schutzpolizei, zur Kriminalpolizei oder zur Wasserschutzpolizei wollen. Bei der Ausbildung werden oft Geschehnisse aus dem wirklichen Polizeialltag nachgestellt und geübt, zum Beispiel Vernehmungen oder die Spurensicherung am Tatort. Außerdem dürfen die Polizeischüler als Praktikanten an richtigen Polizeieinsätzen teilnehmen.

⭐ VIELE AUFGABEN

Nach Beendigung des Studiums wird der frischgebackene Kriminalkommissar wahrscheinlich erst einmal in eine kleinere Polizeidienststelle versetzt. Dort muss er dann alle Aufgaben übernehmen: Spurensicherung, Befragung von Zeugen, Überwachung von Verdächtigen, Hausdurchsuchungen, Abhöraktionen und das Vernehmen von Beschuldigten.

VOR GERICHT

Manchmal müssen Kriminalpolizisten auch als Zeugen vor Gericht auftreten und genau berichten, wie sie ermittelt haben. Wenn sich herausstellt, dass sie Fehler gemacht haben, kann es passieren, dass der Täter freigesprochen wird.

⭐ LÄSTIG, ABER NOTWENDIG

Zu den Aufgaben eines Kommissars gehört auch viel Schreibtischarbeit. Zum Beispiel die Recherche, also die Suche nach wichtigen Informationen, am Computer. Oder das Telefonieren mit anderen Behörden. Außerdem muss die Arbeit ständig protokolliert werden. Das heißt, die Polizisten müssen genau aufschreiben, was sie gemacht haben und was dabei herausgekommen ist.

⭐ DIE VERNEHMUNG

Ein sehr wichtiger Bestandteil der Ermittlungen ist die Vernehmung von Zeugen und Verdächtigen. Eine Vernehmung ist eine Befragung im Polizeirevier. Alles, was dabei gesagt wird, wird genau festgehalten. Bei der Vernehmung eines Verdächtigen versucht die Polizei rauszubekommen, ob er der Täter sein könnte. Wenn die Beamten sich sicher sind, dass sie den Richtigen haben, versuchen sie ihn zu einem Geständnis zu bewegen.

⭐ VERBOTENE TRICKS

Die meisten Täter lügen natürlich, um nicht überführt zu werden, und es ist die Aufgabe des Kommissars, die Wahrheit herauszufinden. In Fernsehfilmen brüllen die Kommissare die Täter dann oft an, bedrohen sie oder entlocken ihnen mit Tricks ein Geständnis. Zum Beispiel, indem sie dem Verdächtigen erzählen, sein Komplize habe bereits gestanden. Doch das ist verboten. Auch Verbrecher dürfen nicht bedroht oder belogen werden.

★ ERLAUBTE TRICKS

Wie aber bringen echte Kommissare einen Verdächtigen dazu, die Wahrheit zu sagen? Meistens werden die Vernehmer ihn auffordern, möglichst genau zu erzählen. Das ist ziemlich schwer, wenn man lügt. Angenommen, der Täter hat sich ein falsches Alibi ausgedacht und die Beamten fragen ihn „Hat es an dem Tag geregnet?" oder „War viel Verkehr?". So etwas weiß der Befragte meist nicht, wenn er nicht wirklich an diesem Ort zu dieser Zeit war.

★ MILDE FÜR GESTÄNDIGE

Die Beamten werden versuchen, den Täter immer wieder in Widersprüche zu verwickeln. Wenn der dann merkt, dass er mit seinen Lügen nicht durchkommt, gibt er oft auf. Denn wer ein Geständnis ablegt, wird vor Gericht meist weniger hart bestraft.

KONZENTRATION IST WICHTIG

Bei einer Vernehmung es ist wichtig, dass die Kommissare ganz konzentriert sind und jeden Fehler bemerken. Außerdem müssen sie alle Ergebnisse ihrer bisherigen Ermittlung genau kennen. Oft führen sie deshalb ein Verhör zu zweit. Wichtig ist, dass alles wörtlich so niedergeschrieben wird, wie es der Zeuge oder Verdächtige sagt. Wichtige Vernehmungen werden auf Video aufgezeichnet und vor Gericht vorgeführt.

WIE BESCHATTET MAN EINEN VERDÄCHTIGEN?

FÜR BESONDERE FÄLLE

Besonders komplizierte oder gefährliche Observationen führt die ermittelnde Kripo nicht selbst durch. Dafür gibt es Spezialeinheiten, das Mobile Einsatzkommando und die Mobilen Fahndungseinheiten. Manchmal kommt es aber auch vor, dass eine offene Observation durchgeführt wird. Dabei soll der Verdächtige merken, dass er ständig beobachtet wird. Die Beamten hoffen, ihn so nervös zu machen und zu Fehlern zu verleiten.

★ MÖGLICHST UNAUFFÄLLIG

Bei den Ermittlungen passiert es oft, dass die Polizisten einen Verdächtigen beobachten müssen. Das nennt man Observation. Normalerweise versuchen die Beamten dabei, selbst nicht entdeckt zu werden. Sie müssen sich also möglichst unauffällig verhalten. Wenn sie jemandem folgen, werden sie versuchen, Abstand zu halten. Außerdem fahren sie natürlich unauffällige Autos und kleiden sich alltäglich. Wenn der Verdächtige sich bei einer Verfolgung zu Fuß umdreht, dann müssen sie auch schnell so tun, als würden sie sich für etwas anderes interessieren.

⭐ DUNKLE GESCHÄFTE

Oft observieren die Beamten nicht einen bestimmten Menschen, sondern ein Gebäude. Sie wollen zum Beispiel rauskriegen, wer ein und aus geht und mit wem ein Verdächtiger Geschäfte macht. Das tun sie zum Beispiel aus einem Auto heraus. Oder sie mieten eine Wohnung gegenüber.

⭐ NUR MIT GENEHMIGUNG!

Wenn die Polizei jemanden länger als zwei Tage observieren will, muss sie sich dazu eine Genehmigung vom Ermittlungsrichter geben lassen. Die bekommt sie nur, wenn es dafür gute Gründe gibt. Man sagt, wenn ein „hinreichender Tatverdacht" besteht. Mit einer richterlichen Genehmigung dürfen die Beamten viel mehr, als dem Verdächtigen nur zu folgen, aber nur bei schweren Straftaten. Sie können zum Beispiel sein Telefon abhören. Sie dürfen auch orten, wo sich sein Handy befindet, oder einen GPS-Sender an seinem Auto anbringen.

WAS MACHT EIN FALLANALYTIKER?

⭐ DIE EXPERTEN FÜR UNBEKANNTE TÄTER

Manche Kriminalbeamten haben noch eine spezielle Ausbildung. Sie sind Fallanalytiker, auch Profiler genannt. So werden sie bezeichnet, weil sie eine möglichst genaue Beschreibung – also ein Profil – von einem unbekannten Täter erstellen. Aber wie kann man jemanden genau beschreiben, der unbekannt ist? Genau das ist die Kunst beim Profiling.

⭐ VERRÄTERISCHE DETAILS

Im Grunde versuchen auch normale Kripobeamte, sich anhand der Spuren ein Bild vom Täter zu machen. Sie stellen zum Beispiel fest, ob der Täter besonders groß oder stark sein musste, um das Verbrechen begehen zu können. Oder eine spezielle Berufsausbildung absolviert haben muss. Wenn jemand zum Beispiel eine Alarmanlage ausschalten konnte, muss er sich mit Technik auskennen. Auch ein Werkzeug, das verwendet wurde, gibt manchmal Hinweise auf den Täter. Wenn die Ermittler eine Stimmprobe von ihm haben, zum Beispiel einen Drohanruf, dann ziehen sie einen Experten zurate, der anhand der Sprache erkennen kann, aus welcher Gegend der Verdächtige stammt und ob er alt oder jung, gebildet oder ungebildet ist.

DIE JAGD AUF SERIENTÄTER

Profiler kommen oft zum Einsatz, wenn ein Serientäter gejagt wird. Mit jedem Fall lernen sie ihn besser kennen. Oft sind sie diejenigen, denen auffällt, dass mehrere Straftaten möglicherweise vom selben Täter begangen worden sind. Sie nehmen sich auch alte, bereits aufgeklärte Fälle vor. Oft zeigt sich dabei, dass eine bestimmte Vorgehensweise typisch für bestimmte Menschen ist. So können Profiler den Ermittlern wertvolle Hinweise geben, nach welchem Typ von Täter sie suchen sollen.

⭐ DIE BESONDERE KUNST DES PROFILERS

All das verrät den Beamten schon eine Menge über den Täter, den sie suchen. Was aber kann ein Profiler noch beisteuern? Fallanalytiker versuchen aus den Spuren auf den Charakter und die geistige Verfassung des Täters zu schließen. Oftmals lässt sich zum Beispiel anhand der Spuren erkennen, ob ein Täter kaltblütig, in Panik oder blinder Wut gehandelt hat. Ein ordentlicher, gründlicher Mensch geht auch bei einer Straftat anders vor als ein schlampiger, ein ängstlicher anders als ein selbstbewusster.

WAS IST BEI DER TATORTSICHERUNG ZU BEACHTEN?

★ DAS GEHEIMNIS DER WEISSEN OVERALLS

Hast du im Fernsehen oder auf einem Zeitungsfoto schon einmal gesehen, dass am Ort eines Verbrechens lauter Menschen in weißen Overalls herumlaufen? Früher war das nicht so. Aber weil man mit moderner Technik immer mehr aus den Spuren am Tatort herauslesen kann, wird es immer wichtiger, dass diese Spuren nicht zerstört oder verfälscht werden. Die Overalls sollen das verhindern.

★ FOTOS VON DEN KLEINSTEN KLEINIGKEITEN

Ganz wichtig für die Tatortsicherung ist der Fotograf. Bevor man irgendetwas verändert, also zum Beispiel einen Zigarettenstummel einsammelt oder die Leiche umdreht, wird immer erst der Originalzustand fotografiert. Dabei wird ein Zentimetermaß neben die Gegenstände gelegt. Denn oft sind die kleinsten Kleinigkeiten wichtig.

⭐ ZUGANG STRENG BEGRENZT!

Eine der ersten Aufgaben ist es, einen Tatort möglichst großräumig abzusperren. Schließlich kann der Täter auch bei der Flucht Spuren hinterlassen haben. An den Tatort werden dann nur Menschen gelassen, die dort unbedingt hinmüssen. Vor allem die ermittelnden Beamten und Kriminaltechniker, aber auch der Polizeifotograf und, wenn nötig, ein Arzt. Alle müssen weiße Schutzkleidung, Handschuhe und einen Mundschutz überziehen. Denn heute sind oft schon Haare oder Hautschuppen wichtige Spuren. Stell dir vor, die Beamten suchen verzweifelt nach einem Unbekannten, der am Tatort gewesen ist, und dabei stammt das gefundene Haar von ihnen selbst! Alles schon passiert!

DIE BEDEUTUNG DER NUMMERN

Alle verdächtigen Gegenstände werden mit Nummern versehen. Denn wenn die Beamten später versuchen, den Tathergang zu rekonstruieren, kann es sehr wichtig sein, zu wissen, was genau wo gelegen hat. Stell dir vor, es stellt sich später heraus, dass die eingesammelten Zigarettenkippen von verschiedenen Menschen stammen. Wenn nicht jede einzeln nummeriert ist, können die Kripo-Beamten nicht feststellen, wer sich wo befunden hat.

WIE ARBEITET DIE SPURENSICHERUNG?

⭐ DER TRICKKOFFER DER KRIMINALTECHNIKER

Zigarettenstummel oder Patronenhülsen kann man einsammeln und später im Labor genau analysieren. Was aber ist mit Fingerabdrücken, Blutspritzern oder Reifenspuren? Die kann man nicht wegtragen, aber die Tatort-Experten haben ihre Tricks, solche Spuren doch im Labor untersuchen zu können. Sie haben dazu einen Spezialkoffer mit allerlei Werkzeugen, Chemikalien und verschiedenen Klebefolien.

⭐ FUSS- UND REIFENSPUREN

Fuß- und Reifenspuren werden mit Gips ausgegossen. Wenn er hart geworden ist, können die Techniker den Abdruck einfach herausnehmen. Dann vergleichen sie vor dem Computer das Profil der Abdrücke mit den Mustern aus der Datenbank des BKA. Dort finden sie Abdrücke aller Schuh- und Reifenprofile, die an anderen Tatorten gesichert worden sind.
Außerdem können erfahrene Ermittler anhand von Reifenspuren feststellen, ob ein Auto langsam oder schnell gefahren ist und wo es gebremst hat. Fußabdrücke sind vorne tiefer eingedrückt und weiter voneinander entfernt, wenn jemand gerannt ist. Sehr tiefe, breitbeinige Abdrücke zeigen, dass jemand etwas Schweres getragen hat.

FINGERABDRÜCKE

Um Fingerabdrücke zu finden, suchen die Ermittler alle Flächen ab. Auch wenn wir es nicht merken, ist unsere Haut immer ein bisschen fettig und feucht von Schweiß. Deshalb hinterlassen wir mit unseren Händen, aber auch mit nackten Füßen Abdrücke. Die Ermittler stauben diese mit einem feinen Pulver ein, das an dem Schweiß- und Fettfilm hängen bleibt. Die Ermittler kleben dann Folie über die Abdrücke. Nun haftet das Pulver an dem Klebstoff und die Abdrücke sind auf die Folie übertragen worden. Sie können nun im Labor genau analysiert und mit Millionen Fingerspuren von anderen Tatorten oder von Straftätern verglichen werden.

HAARE UND HAUTSCHUPPEN

An der Klebefolie der Ermittler bleiben auch andere Spuren hängen, zum Beispiel Haare, Hautschuppen oder Fusseln von der Kleidung. Deshalb kleben die Ermittler viele Flächen am Tatort Stück für Stück mit Klebefolie ab. Sogar den Körper und die Kleidung des Toten. Denn fast immer hat der Täter sein Opfer berührt. Dabei hinterlässt er auf jeden Fall Spuren, die es nun zu finden gilt.

⭐ VERRÄTERISCHES LICHT

Die meisten Verbrecher versuchen, ihre Spuren nach der Tat zu verwischen. Doch das ist gar nicht so einfach. Wenn die Kriminaltechniker den Tatort mit grünem, blauem oder ultraviolettem Licht ausleuchten, werden viele Spuren sichtbar, die man mit bloßem Auge nicht entdeckt. Zum Beispiel Blutspritzer und Urin, aber auch manche Fasern. Wenn ein Täter Handschuhe getragen hat, kann man so zumindest sehen, was er angefasst hat und wie groß seine Hände waren.

⭐ DAS GEHEIMNIS DES BLAUEN BLUTES

Das Wegwischen von Blut nutzt nichts. Die Techniker sprühen den Tatort mit einer Flüssigkeit ein, in der ein chemischer Stoff namens Luminol enthalten ist. Er bringt den roten Farbstoff im Blut dazu, blau zu leuchten. Mit Luminol lassen sich selbst winzigste Blutreste entdecken. Zum Beispiel an der Kleidung des Täters oder an der Tatwaffe. Auf diese Weise können die Kriminaltechniker zum Beispiel auch nachweisen, wenn eine Leiche im Auto eines Verdächtigen transportiert wurde. Selbst wenn das Auto gründlich sauber gemacht worden ist.

LÄSTIGE TATWAFFE

Auch Handschuhe, Werkzeuge oder die Tatwaffe sind verräterisch. Bei manchen Werkzeugen kann die Kriminaltechnik nachweisen, dass genau dieses für die Tat verwendet wurde. Ein Bolzenschneider zum Beispiel hinterlässt beim Schneiden winzige Riefen, die genauso individuell wie ein Fingerabdruck sein können. An Handschuhen werden sich mit Sicherheit Hautschuppen des Täters mit dessen DNA finden, an der Tatwaffe vielleicht Blut vom Opfer. Also versuchen die meisten Täter diese Dinge schnell verschwinden zu lassen.

★ SPUREN IM FEUER

Manche Täter legen nach der Tat ein Feuer, um alle Spuren zu vernichten. Doch die Kriminaltechniker können auch nach einem Brand noch vieles finden. Manchmal sogar Fingerabdrücke. Außerdem verursacht das Legen des Feuers neue Spuren. Damit möglichst viele Spuren schnell genug vernichtet sind, muss der Täter nämlich einen sogenannten Brandbeschleuniger wie zum Beispiel Benzin besorgen. Das muss er aber erst einmal beschaffen. Und er darf keine Fingerabdrücke am Benzinkanister hinterlassen.

WAS PASSIERT IM KRIMINALTECHNISCHEN INSTITUT?

★ DIE SPEZIALISTEN DES KT

Nach der Sicherung am Tatort geht die Arbeit der Kriminaltechniker erst richtig los. Sie müssen den Geheimnissen der gesicherten Spuren auf den Grund gehen. Dafür braucht es eine Menge Spezialisten. Im Kriminaltechnischen Institut des BKA – kurz KT genannt – arbeiten rund 400 Spezialisten. Hier und auch in den KTs der Landeskriminalämter gibt es Spezialisten für Fingerabdrücke, für die Untersuchung von Waffen, für die Analyse von Blut und DNA, für die Erstellung von Phantombildern und vieles mehr.

★ VOM LACKSPLITTER ZUM TÄTERAUTO

Die Abteilung für Kfz-Untersuchungen befasst sich mit Autos, die bei Verbrechen eine Rolle spielen. Oft haben die Ermittler nur ein paar Lacksplitter. Zum Beispiel, wenn jemand nach einem Unfall Fahrerflucht begangen hat. Die Techniker können in den meisten Fällen trotzdem den genauen Autotyp bestimmen, nach dem gefahndet werden soll. Fragst du dich, wie das geht? Es gibt eine Datenbank, in der Lackproben von etwa 25.000 Automodellen gespeichert sind. Mit diesen Proben können die Techniker den Splitter vom Tatort vergleichen.

ZAUBERMITTEL DATENBANK

Datenbanken spielen für die Kriminaltechnik eine große Rolle. Es gibt zum Beispiel auch eine für Schuhabdrücke. In ihr sind die Profile der Sohlen von den meisten Schuhen gespeichert, die man in Deutschland kaufen kann. Das klingt ganz einfach, doch in der Praxis bedeutet ein Vergleich mit der Datenbank oft viel Arbeit. Denn meistens genügt es nicht, einen Fussel oder Splitter vom Tatort unter ein Mikroskop zu legen. Ein Lacksplitter zum Beispiel muss in Schichten zerlegt werden, die 30-mal so dünn wie ein Haar sind, um ihn analysieren zu können.

★ WOZU DIE KRIPO INSEKTENFORSCHER BRAUCHT

Im KT arbeiten auch Schriftexperten, die eine Fälschung erkennen können oder Handschriften ansehen, ob sie von ein und demselben Menschen geschrieben worden sind. Oder Biologen, die Erdspuren vom Tatort analysieren. Manchmal kommen auch Insektologen zum Einsatz. Sie erkennen anhand von Insektenlarven, die sich an einer Leiche befinden, wie lange jemand schon tot ist.

WAS PASSIERT IM KRIMINALTECHNISCHEN INSTITUT?

⭐ DIE GESCHICHTE DER FINGERABDRÜCKE

Zu den bekanntesten Arbeiten der Kriminaltechniker gehört die Auswertung von Fingerabdrücken. Vielleicht weißt du, dass jeder Mensch, mit Ausnahme eineiiger Zwillinge, einen anderen Fingerabdruck hat. Vergleiche deinen Abdruck doch mal mit dem deiner Freunde! Wenn ein entsprechender Fingerabdruck am Tatort gefunden wurde, gilt das als sicherer Beweis, dass eine bestimmte Person dort gewesen ist. Das hat ein argentinischer Kriminalbeamter im Jahr 1892 herausgefunden. Seitdem sind unzählige Verbrecher durch ihre Fingerabdrücke überführt worden. Die Täter wissen das natürlich, und wer ein Verbrechen plant, trägt deswegen Handschuhe. Aber viele Verbrechen passieren ungeplant, weshalb die Suche nach Fingerabdrücken immer noch sehr wichtig ist.

⭐ VERGLEICH MIT DEM TATORT

Die Kriminaltechniker haben spezielle Chemikalien, mit denen sie auch sehr alte Fingerabdrücke sichtbar machen können. Oder solche auf rauen Oberflächen. Wenn die Kommissare von der Kripo nun einen Verdächtigen verhaften, dann können sie dessen Fingerabdrücke mit denen vom Tatort vergleichen und den Täter so vielleicht schon überführen.

⭐ KOMPLIZIERTE ANALYSE

Früher mussten die Fingerabdruck-Experten sich die Muster ganz genau anschauen. Zuerst sortierten sie die Fingerabdrücke danach, ob in der Mitte eine Schleife, ein Wirbel oder eine Art Berg oder eine Mischung aus diesen Mustern zu sehen war. Dann studierten sie mühsam die Linien rundherum. Du kannst das ja mal versuchen. Die Linien sind an manchen Stellen unterbrochen oder verzweigen sich. Erfahrene Experten wussten, auf was sie achten mussten. Heute dagegen macht das der Computer.

2,8 MILLIONEN FINGERABDRÜCKE

Im Computer sind auch Fingerabdrücke aus alten Fällen gespeichert. Die Datenbank des BKA umfasst rund 2,8 Millionen Abdrücke. Wenn der Täter schon mal eine Straftat begangen hat, erfahren die Ermittler so seinen Namen. In der Datenbank sind aber auch die Abdrücke, die Fachleute sprechen jetzt von Fingerspuren, gespeichert, die von ungelösten Fällen stammen. So finden die Kommissare manchmal heraus, dass ihr aktueller Verdächtiger schon einmal zugeschlagen hat, und lösen den alten Fall gleich mit.

WELCHE GEHEIMNISSE DECKEN BALLISTIKER AUF?

⭐ DER SCHUSSEXPERTE

Ballistik heißt übersetzt „Schusskunde". Ein Ballistiker ist also ein Experte für Schüsse. Und da bei vielen Verbrechen geschossen wird, sind Ballistiker unverzichtbar für ein Kriminaltechnisches Institut. Du wirst staunen, wie viel sie anhand der Schüsse über den Täter und die Tat enthüllen können.

⭐ DER SCHMAUCHSPUREN-TRICK

Manchmal versuchen Mörder ja so zu tun, als hätte sich ihr Opfer selbst erschossen. Doch der Trick klappt eigentlich nie. Denn wenn jemand eine Waffe abgefeuert hat, finden sich an seiner Hand feinste Pulverteilchen, sogenannte Schmauchspuren. Wenn beim Toten solche Spuren fehlen, kann er auch keinen Selbstmord begangen haben. Hat der Täter aber keine Handschuhe getragen, befindet sich das Pulver noch tagelang an seinen Händen. Wenn die Polizei schnell einen Verdächtigen findet, kann sie mit einem Schmauchspurentest feststellen, ob er tatsächlich geschossen hat. Das ist zwar noch kein Beweis für die Tat, aber ein sehr belastender Hinweis, ein Indiz.

VERRÄTERISCHER EINSCHUSSWINKEL

Genaueres über den Standort des Schützen erfahren die Ballistiker, wenn sie den Einschusswinkel von allen Kugeln untersuchen, die am Tatort gefunden wurden. Auch von solchen, die vielleicht in der Wand oder im Sofa oder im nächsten Baum stecken geblieben sind. Wenn es sehr wichtig ist, wie eine Tat begangen wurde, stellen die Ermittler sie oft nach. Sieht der Einschusswinkel genauso wie am Tatort aus, wissen sie, dass ihre Annahmen richtig sind.

KRATZMUSTER IN DER DATENBANK

Eine wichtige Spur ist die Munition. Zwar kann die gleiche Sorte für verschiedene Waffen verwendet werden. Aber jeder Waffentyp hinterlässt auf der Kugel, die Fachleute sagen Geschoss, beim Abfeuern ein etwas anderes Kratzmuster. Und auch die Ballistiker haben – du ahnst es sicher schon – eine Datenbank, in der sie die Kratzmuster der einzelnen Waffentypen nachschauen können. Haben die Ermittler eine mögliche Tatwaffe gefunden, können die Ballistiker anhand der Kratzer auf der Kugel genau nachweisen, ob diese Waffe für die Tat verwendet wurde.

WELCHE GEHEIMNISSE DECKEN BALLISTIKER AUF?

WAS IST DAS GEHEIMNIS DER DNA?

⭐ DIE HAARPROBE

Schau dich doch mal um, ob du irgendwo ein ausgefallenes Haar von dir findest. Wenn man so ein Haar unter einem Mikroskop mit starker Vergrößerung im Labor betrachtet, dann entdeckt man, dass es keineswegs glatt ist, sondern eine bestimmte Struktur hat. Früher glaubten die Kriminalisten, einen Täter überführen zu können, wenn eine Haarprobe eine sehr ähnliche Struktur aufwies wie ein Haar vom Tatort.

⭐ DIE ENTDECKUNG DER DNA

Inzwischen weiß man, dass fast gleich aussehende Haare auch von verschiedenen Menschen stammen können. Aber man hat etwas viel Besseres gefunden. In der Haarwurzel, in der kleinen Verdickung am unteren Ende, befindet sich DNA. Die DNA ist ein verknäulter, unglaublich dünner Faden, der überall in unserem Körper zu finden ist. Sie ist bei jedem Menschen anders. Deine DNA bestimmt, ob du dunkle Haare hast oder helle, eine große Nase oder eine kleine und vieles mehr. Man nennt das auch Erbinformationen oder Gene.

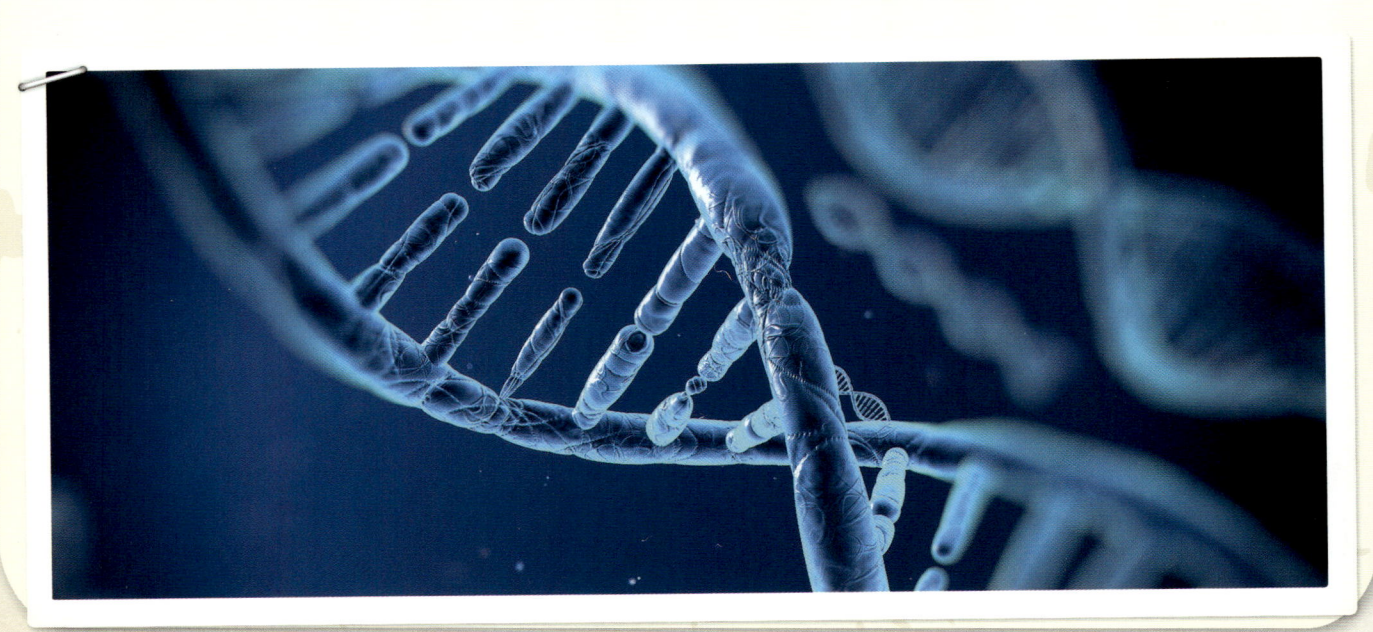

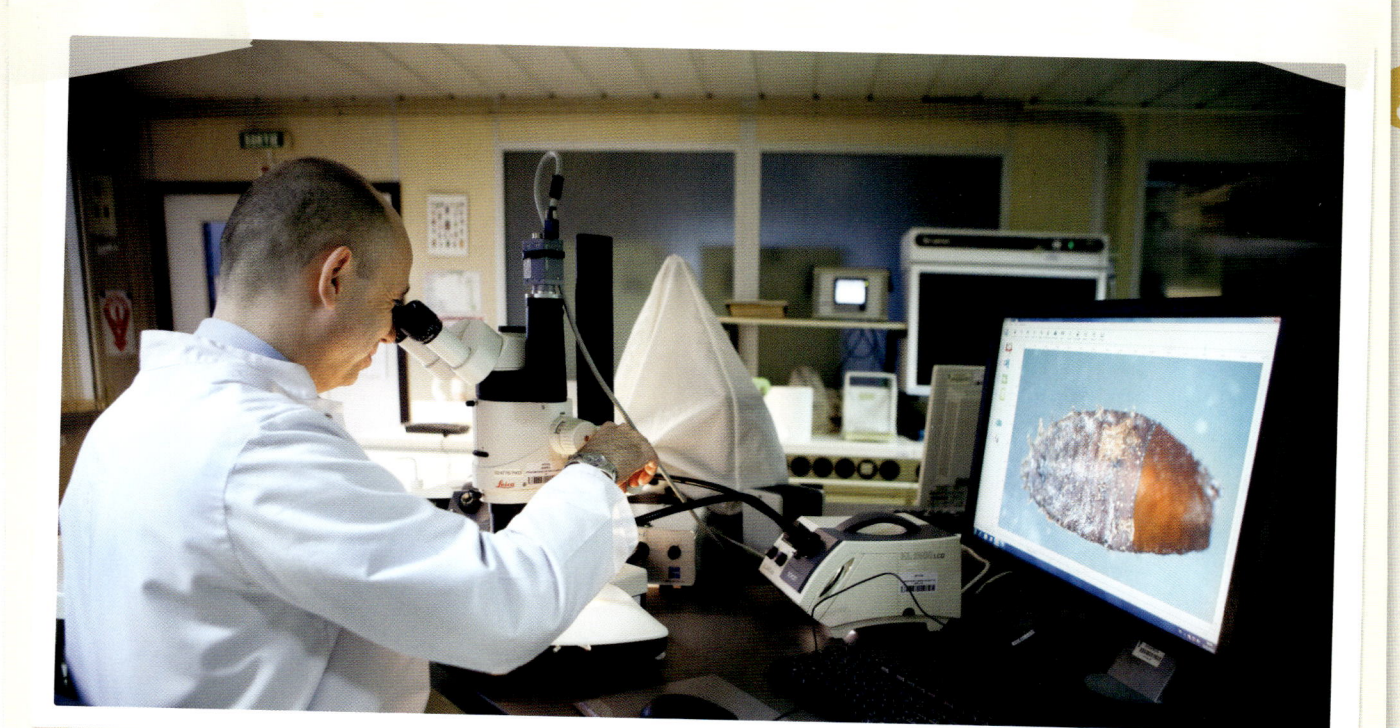

⭐ IN HAAREN, SCHUPPEN, BLUT UND SPEICHEL

Wenn das Haar mitsamt der Wurzel ausgefallen ist oder ausgerissen wurde, können die Kriminaltechniker im Labor daraus die DNA gewinnen. Stimmt die DNA mit der eines Verdächtigen überein, ist es wirklich sicher, dass dieses Haar von ihm ist. DNA befindet sich jedoch nicht nur in Haarwurzeln, sondern in jeder kleinsten Hautschuppe, im Blut oder auch im Speichel. Täter können also mit einer Zigarettenkippe, einem ausgespuckten Kaugummi oder einem Glas, aus dem sie getrunken haben, überführt werden. Wenn sie schon mal massiv gegen das Gesetz verstoßen haben, befindet sich ihre DNA bereits in der Datenbank des BKA.

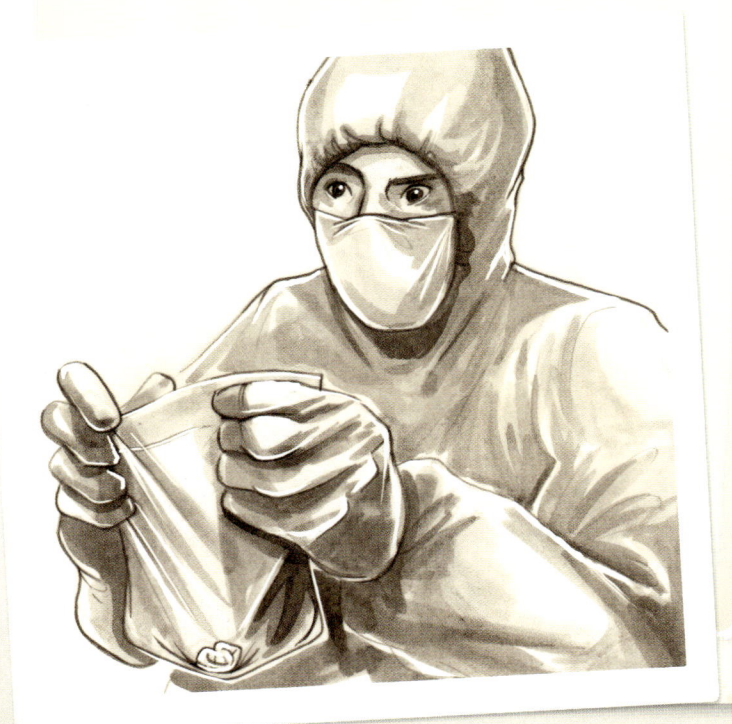

VORSICHT, FALLE!

Ein Haar oder ein ausgespuckter Kaugummi kann natürlich auch vom wahren Täter absichtlich an den Tatort gebracht worden sein, um eine falsche Spur zu legen. Deshalb ist eine DNA-Analyse noch lange kein Beweis. Etwas anderes ist es natürlich, wenn ein Kampf stattgefunden hat und sich Hautfetzen oder Blut mit der DNA des Täters unter den Fingernägeln des Opfers befinden.

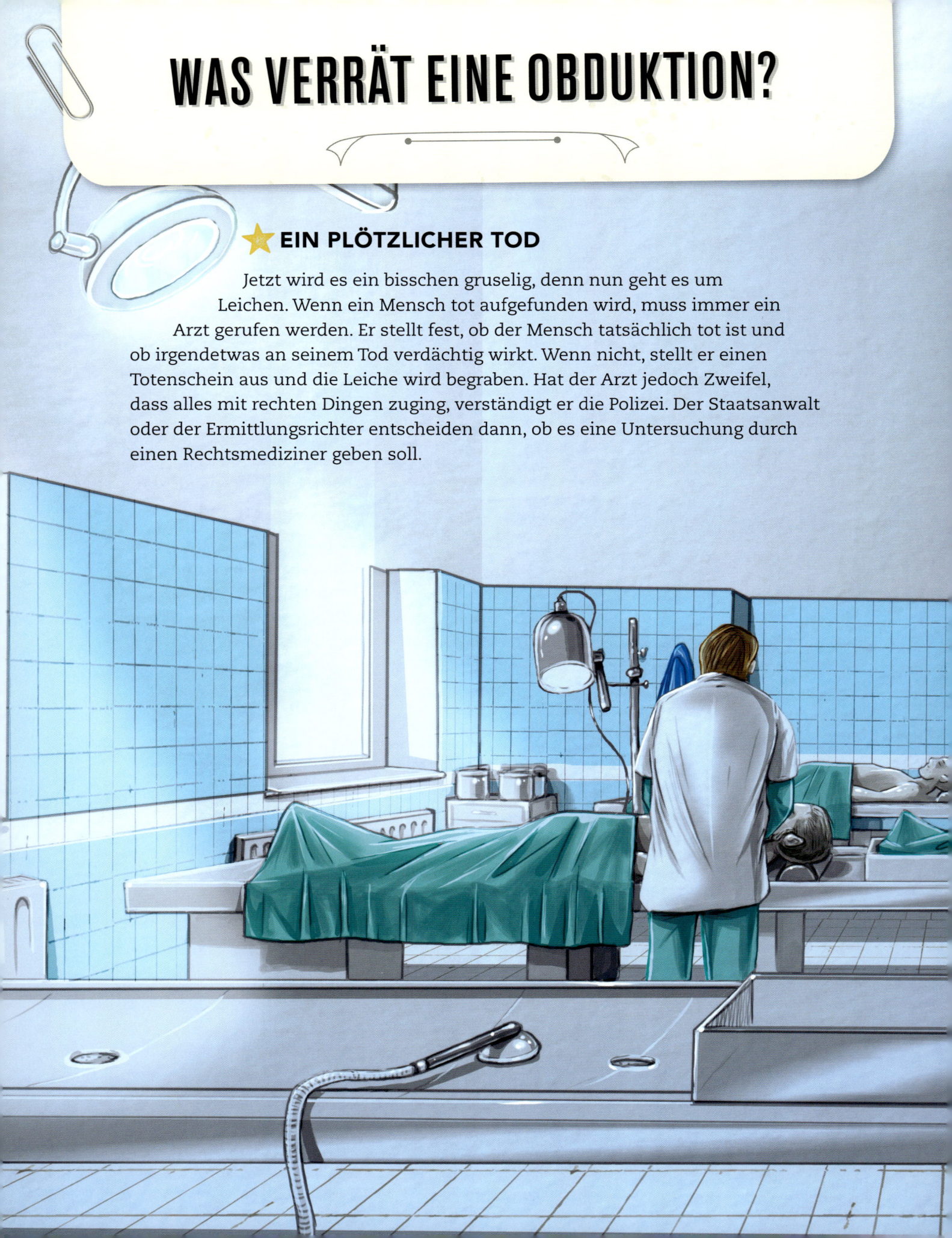

WAS VERRÄT EINE OBDUKTION?

⭐ EIN PLÖTZLICHER TOD

Jetzt wird es ein bisschen gruselig, denn nun geht es um Leichen. Wenn ein Mensch tot aufgefunden wird, muss immer ein Arzt gerufen werden. Er stellt fest, ob der Mensch tatsächlich tot ist und ob irgendetwas an seinem Tod verdächtig wirkt. Wenn nicht, stellt er einen Totenschein aus und die Leiche wird begraben. Hat der Arzt jedoch Zweifel, dass alles mit rechten Dingen zuging, verständigt er die Polizei. Der Staatsanwalt oder der Ermittlungsrichter entscheiden dann, ob es eine Untersuchung durch einen Rechtsmediziner geben soll.

⭐ DER RECHTSMEDIZINER AM TATORT

Wenn schon auf den ersten Blick klar ist, dass es sich um ein Verbrechen handelt, wird der Rechtsmediziner bereits an den Tatort gerufen. Er nimmt eine erste Einschätzung über die Todesursache vor. Dann aber werden erst einmal alle Spuren an und rund um die Leiche gesichert. Anschließend wird der Tote in das Institut für Rechtsmedizin gebracht, wo eine Obduktion stattfindet.

⭐ FALSCHER SCHEIN

Bei einer Obduktion wird der Tote erst von außen genau untersucht. Anschließend wird die Leiche geöffnet. Das bedeutet, dass die Ärzte den Körper aufschneiden und die Organe untersuchen. Auch der Schädel wird aufgesägt. Vielleicht fragst du dich, warum das nötig ist, wenn man schon von außen sehen kann, dass jemand erstochen oder erschossen worden ist. Doch oft sind die Dinge anders, als sie zuerst aussehen. Verletzungen, die zunächst auf ein Verbrechen hindeuten, können auch passieren, wenn jemand alleine die Treppe hinunterstürzt. Es kann zum Beispiel auch sein, dass der Tote ein schwaches Herz hatte und bei einem Angriff vor Schreck gestorben ist. All das kann ein Rechtsmediziner feststellen.

SONDERFALL EXHUMIERUNG

Manchmal werden Tote, die bereits beerdigt waren, wieder ausgegraben und obduziert. Ein solches Vorgehen nennt man Exhumierung. Sie wird vom Ermittlungsrichter nur gestattet, wenn sich ein sehr begründeter Verdacht ergeben hat, dass ein Verbrechen stattgefunden hat.

⭐ DIE BEDEUTUNG DES TODESZEITPUNKTES

Eine wichtige Aufgabe des Rechtsmediziners ist es, den Todeszeitpunkt möglichst genau festzustellen. Denn das hilft den Kripobeamten, zu ermitteln, wer als Täter infrage kommt. Man erkennt das zum Beispiel daran, wie kalt und steif der Leichnam ist. Aber dabei muss berücksichtigt werden, ob der Tote in einem warmen Zimmer oder in der Kälte gelegen hat. Die „Todesflecken" verraten, ob der Körper nach dem Tod noch bewegt wurde. Sie bilden sich nach dem Tod am tiefsten Punkt des Körpers. Denn dort läuft das Blut zusammen und schimmert dann lila durch die Haut. Sind sie beim Auffinden oben, ist er nach seinem Tod noch umgedreht worden.

⭐ RÜCKSCHLÜSSE AUF DIE TAT

Verletzungen geben Aufschluss über das Tatwerkzeug. Zum Beispiel, ob jemand mit einem Küchenmesser erstochen oder mit einem Hammer erschlagen wurde. Wichtig sind auch sogenannte Abwehrverletzungen wie Prellungen oder Schürfwunden, aber auch innere Verletzungen. Sie können zum Beispiel zeigen, dass ein Kampf stattgefunden hat.

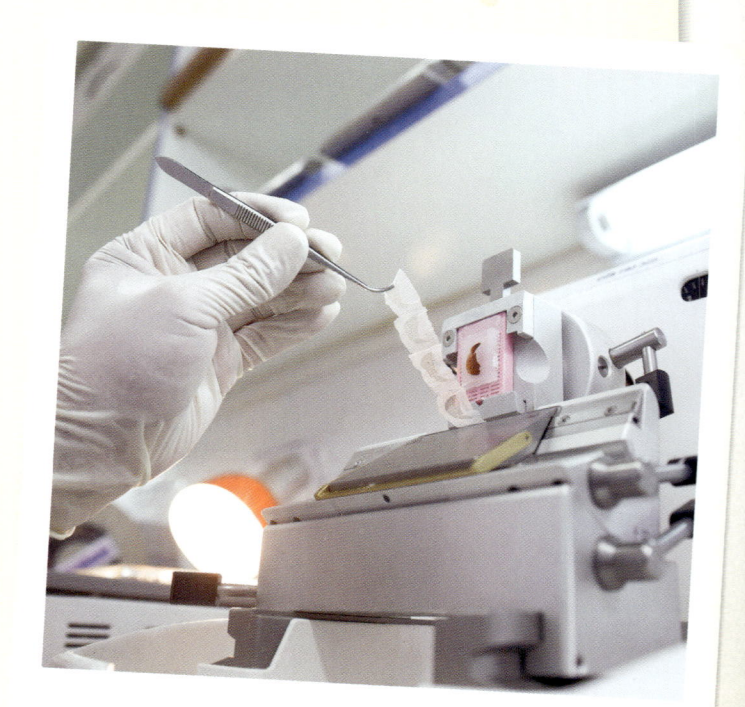

⭐ WICHTIGE INDIZIEN

Bei einer Wasserleiche ist die entscheidende Frage, ob das Opfer ertrunken ist oder schon tot war, als es ins Wasser geworfen wurde. Sie ist aber ziemlich leicht zu beantworten, denn wenn jemand ertrinkt, gelangt Wasser in seine Lungen. Auch bei einem Brand zeigen Ruß in den Lungen oder Kohlenmonoxid im Blut an, dass das Opfer noch gelebt hat, als das Feuer ausbrach. Bei einem Erhängten werden die Ermittler wissen wollen, ob er sich selbst umgebracht hat oder Opfer eines Verbrechens wurde. Die Form der Abdrücke am Hals des Toten gibt den Rechtsmedizinern darüber Aufschluss.

ALTE VERLETZUNGEN

Auch ältere Verletzungen bergen oft wichtige Geheimnisse. Wenn jemand viele alte Blutergüsse und geheilte Knochenbrüche aufweist, dann kann es sein, dass er über lange Zeit gequält und geschlagen wurde. Die Polizei wird in einem solchen Fall zum Beispiel einem Täter nicht abnehmen, dass er das Opfer nur einmal aus Versehen so gestoßen hat, sodass es eine tödliche Verletzung erlitten hat.

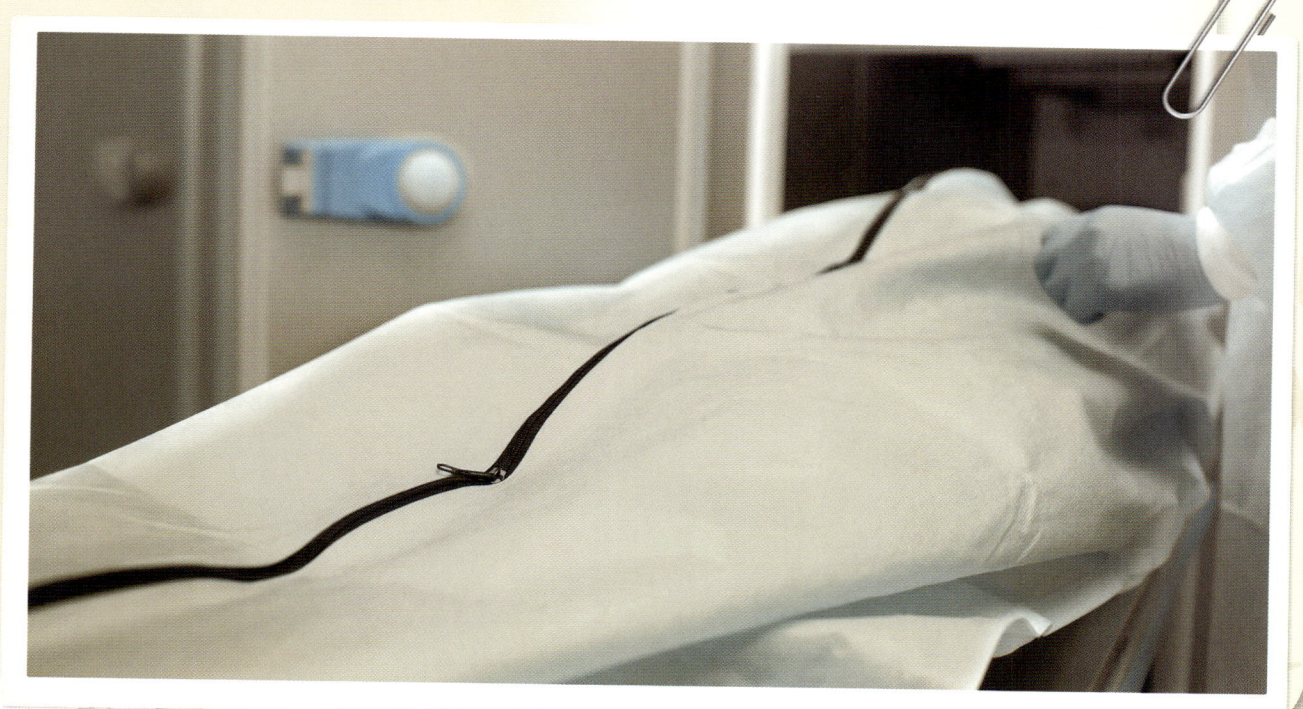

WELCHE GEHEIMNISSE ENTSCHLÜSSELN TOXIKOLOGEN?

⭐ GIFTIGE SPUREN

Eine Obduktion dauert etwa zwei bis vier Stunden. Doch für den Rechtsmediziner ist die Arbeit damit noch nicht zu Ende. Bei der Obduktion wurden dem Toten nämlich auch Blut- und Gewebeproben entnommen, die nun im Labor von Toxikologen untersucht werden. Toxikologie heißt Giftkunde. Wenn jemand vergiftet worden ist, bleiben oft Rückstände im Körper. Allerdings ist das je nach Gift höchst verschieden. Ein tödliches Gas zum Beispiel ist nur ganz kurze Zeit im Blut nachweisbar. Giftige Schwermetalle dagegen lagern sich in den Knochen ab und sind sogar nach Hunderten von Jahren noch zu finden.

SELTENER GIFTMORD

Richtige Giftmorde sind im wahren Leben sehr selten geworden. Erstens ist es nicht mehr so leicht wie früher, giftige Stoffe zu kaufen. Wer versucht, sich ein Gift zu beschaffen, macht sich schon verdächtig. Zweitens haben die Forscher immer bessere Methoden gefunden, Gifte nachzuweisen. Ein Giftmord wird deshalb viel leichter entdeckt als früher, als die Täter oft ungeschoren davonkamen.

⭐ RAUSCHGIFT IN DEN HAAREN

Die Toxikologen suchen nicht nur nach Giften, sondern zum Beispiel auch nach verbotenen Rauschmitteln, nach Drogen. Weil diese extrem ungesund sind, ist ihr Verkauf verboten. Die Toxikologen können anhand der Haare nicht nur bei Toten feststellen, ob er über längere Zeit Drogen eingenommen hat. Für die Ermittler ist das ein wertvoller Hinweis. Denn wer verbotene Drogen nimmt, hat Kontakte zu den Drogenhändlern, um sich das Rauschgift zu besorgen. So kann die Kripo Dealer und Hintermänner ermitteln.

⭐ VORGETÄUSCHTER SELBSTMORD

Die Toxikologen forschen auch nach Rückständen von Medikamenten. Denn manchmal werden Menschen durch eine zu große Medikamentenmenge getötet. In anderen Fällen flößen Täter ihren Opfern ein Betäubungsmittel ein, damit sie sich nicht mehr wehren können. Oft versuchen sie dann sogar, den Tod ihres Opfers wie einen Selbstmord aussehen zu lassen. Aber wenn die Toxikologen Reste von Betäubungsmitteln im Blut finden, dann wird klar, dass es sich um einen Mordfall handelt.

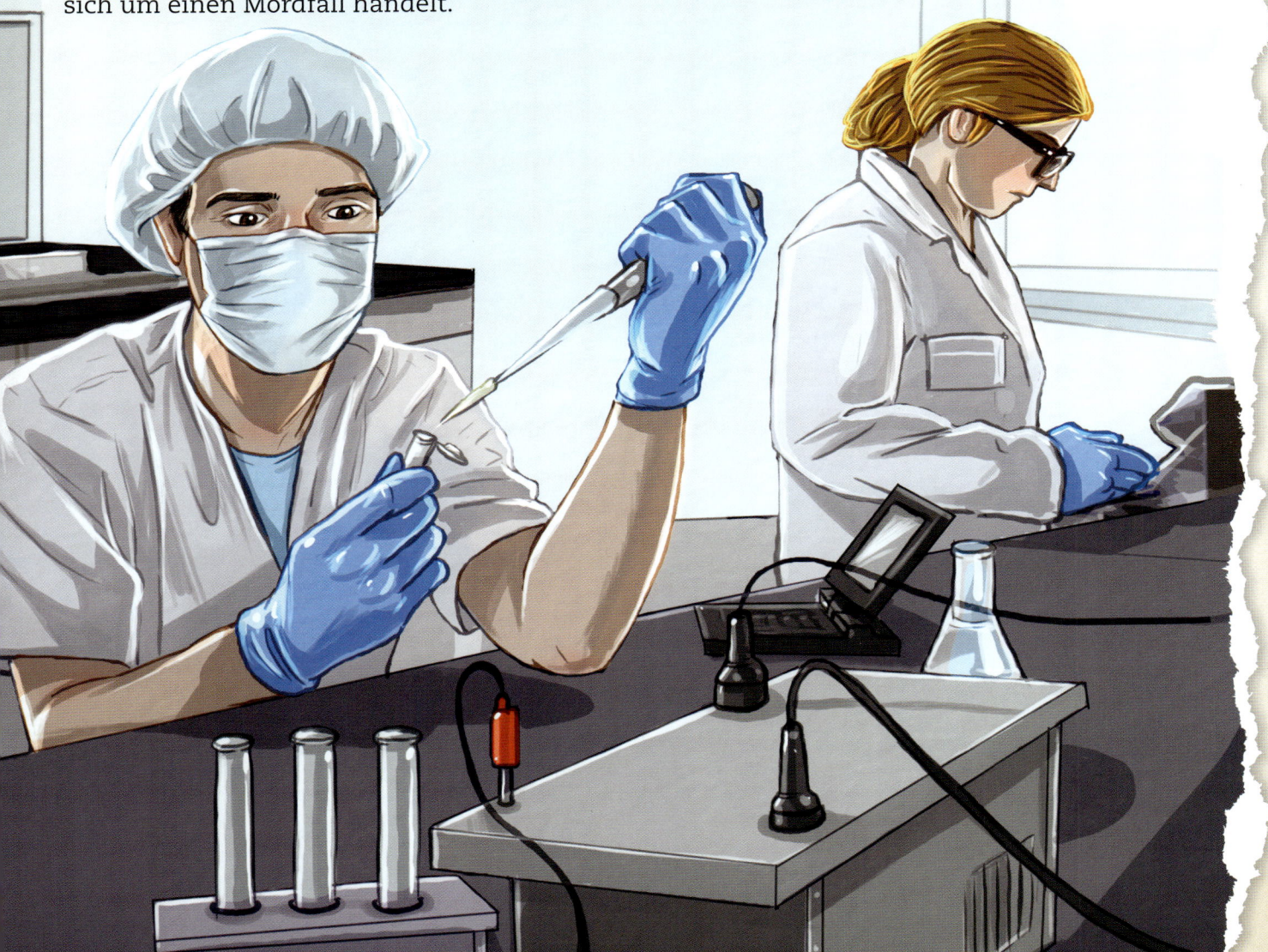

WIE IDENTIFIZIERT MAN EINEN UNBEKANNTEN TOTEN?

⭐ HILFE VOM ZAHNARZT

Sehr hilfreich sind die Zähne. Bist du beim Zahnarzt schon einmal geröntgt worden? Auf dem Röntgenbild sieht man auch die Wurzeln der Zähne. Außerdem sind alle Füllungen, Kronen oder Brücken erkennbar. Ein solches Röntgenbild sieht bei jedem Menschen anders aus. Die Rechtsmediziner röntgen deshalb die Zähne der Leiche, während die Ermittler die Zahnärzte verschwundener Personen aufsuchen. Die Ärzte sind verpflichtet, Röntgenaufnahmen mindestens zehn Jahre lang aufzubewahren. Oft gibt es also noch Bilder, die sich mit den Röntgenbildern des Toten vergleichen lassen. Auch wenn der Tote künstliche Hüft- oder Kniegelenke hat oder einmal ein komplizierter Knochenbruch mit Nägeln oder Platten geheilt wurde, ist die Chance gut, über den behandelnden Arzt die Identität des Toten zu klären.

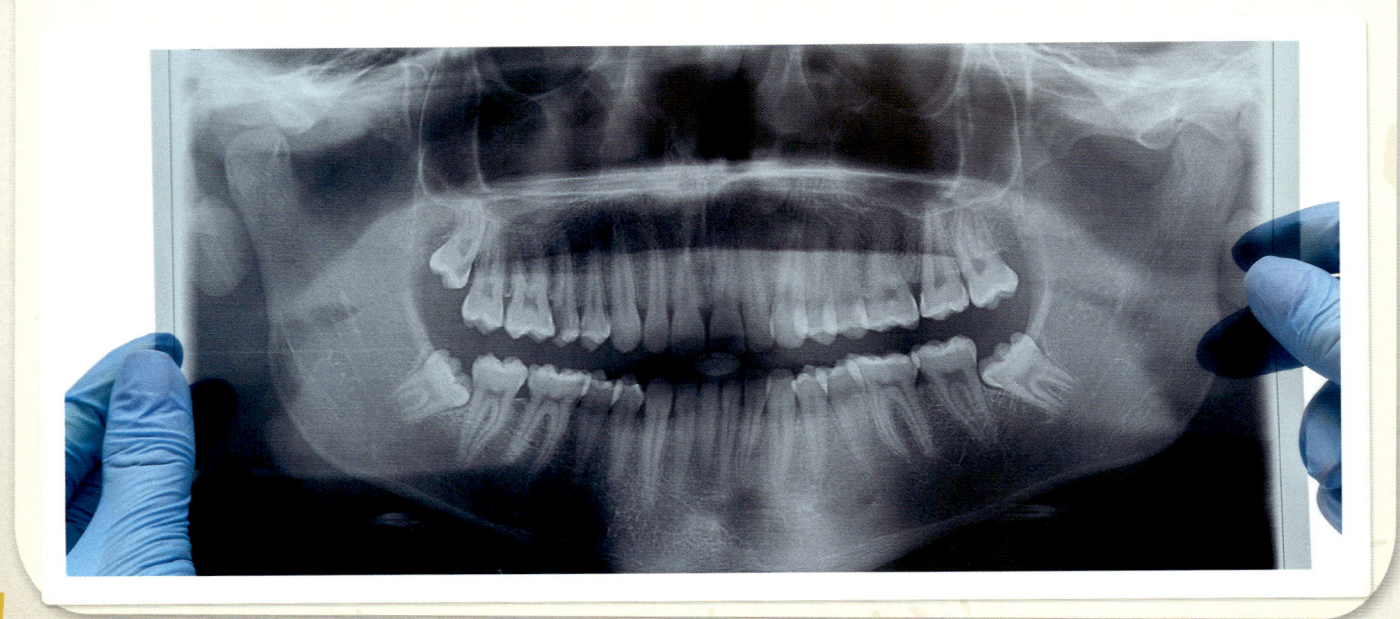

⭐ SPÄTER LEICHENFUND

Manchmal werden Tote erst nach sehr langer Zeit gefunden. Sie sind dann schon teilweise verwest und können nicht mehr anhand von Fotos identifiziert werden. Wie bekommt man nun heraus, wer der Tote ist? Auch hier kann die Rechtsmedizin helfen.

⭐ EIN GESICHT FÜR EINEN TOTEN

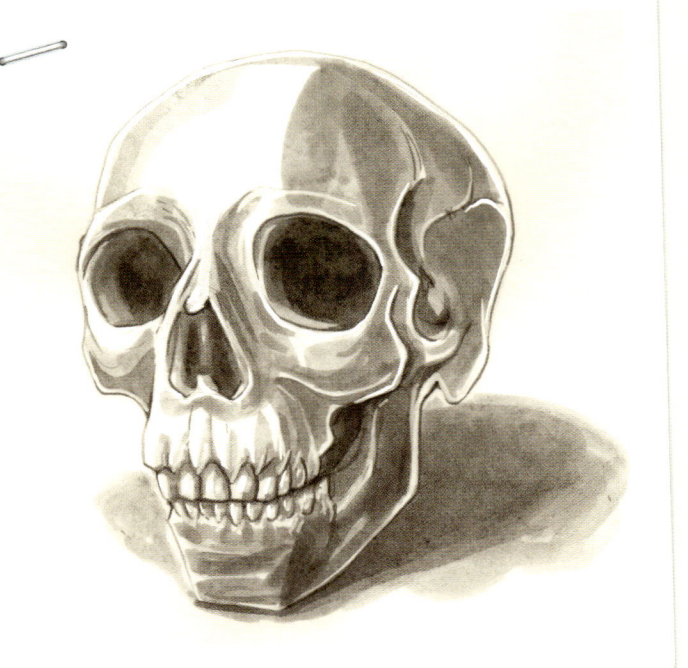

Was macht man, wenn ein Leichnam keine Rückschlüsse auf die Identität des Opfers zulässt? Bereits 1895 fand der Forscher Wilhelm His heraus, dass sich anhand des Schädelknochens das Gesicht eines Toten rekonstruieren lässt. Aber so eine Rekonstruktion ist sehr aufwendig und kann nur von wenigen Experten durchgeführt werden. Deshalb benutzt die Kripo sie nur, wenn alle anderen Möglichkeiten ausgeschöpft sind. Moderne Computerprogramme und 3-D-Technik erleichtern heute die Arbeit.

VERRÄTERISCHES PFLANZENSCHUTZMITTEL

Besonders schwierig wird eine Identifikation, wenn der Tote nicht in der Umgebung des Fundortes gelebt hat, sondern von weit her stammt. Aber auch für diesen Fall gibt es Tricks. Denn nicht nur Gifte oder Drogen lassen sich in den Knochen und Haaren nachweisen, sondern auch andere Stoffe, mit denen jemand lange Zeit in Kontakt gekommen ist. Wenn die Toxikologen zum Beispiel Reste von Pflanzenschutzmitteln oder Insektengiften finden, die in den meisten Ländern gar nicht mehr zugelassen sind, dann liegt nahe, dass der Tote aus einem Land stammt, in dem das Mittel noch verwendet wird.

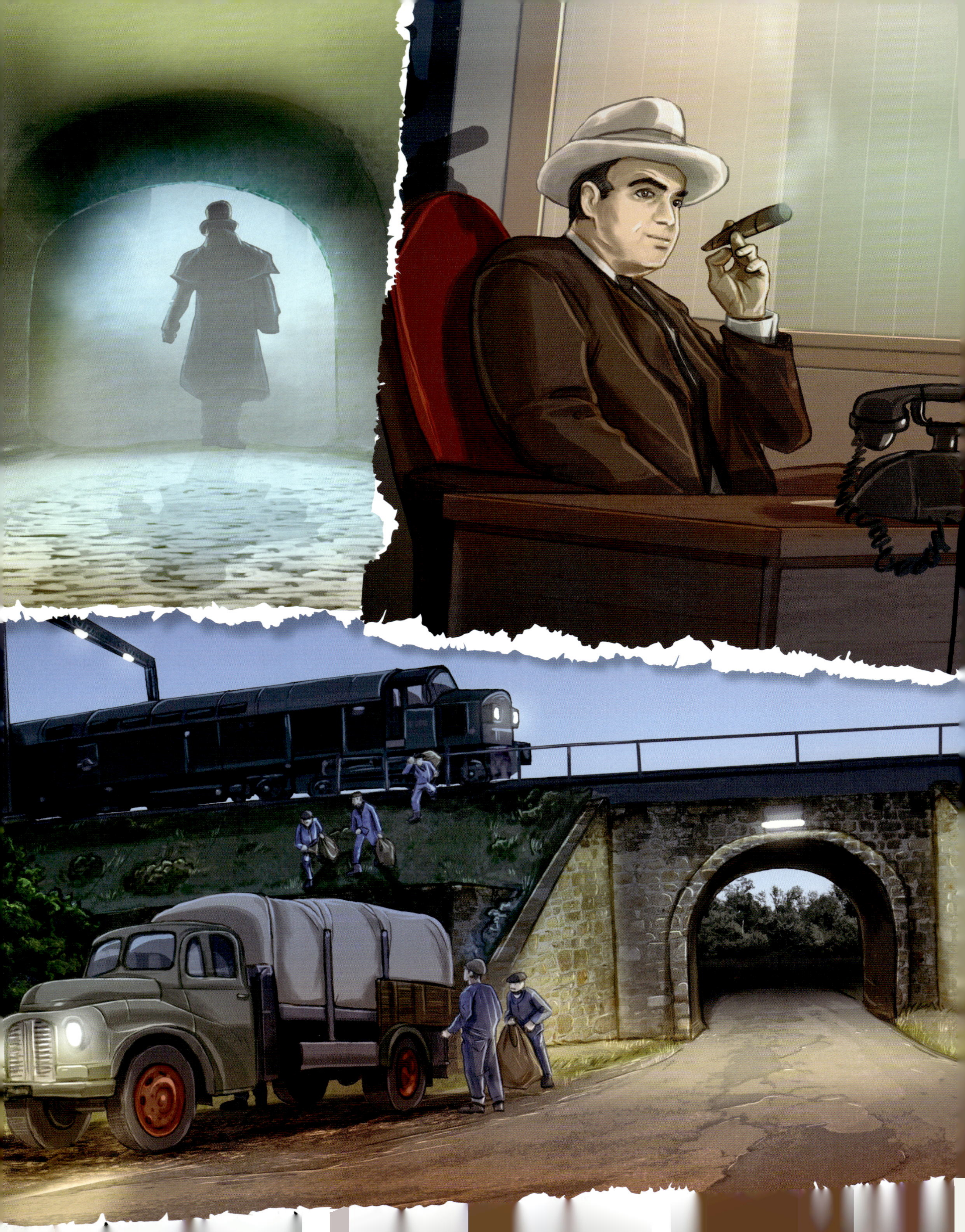

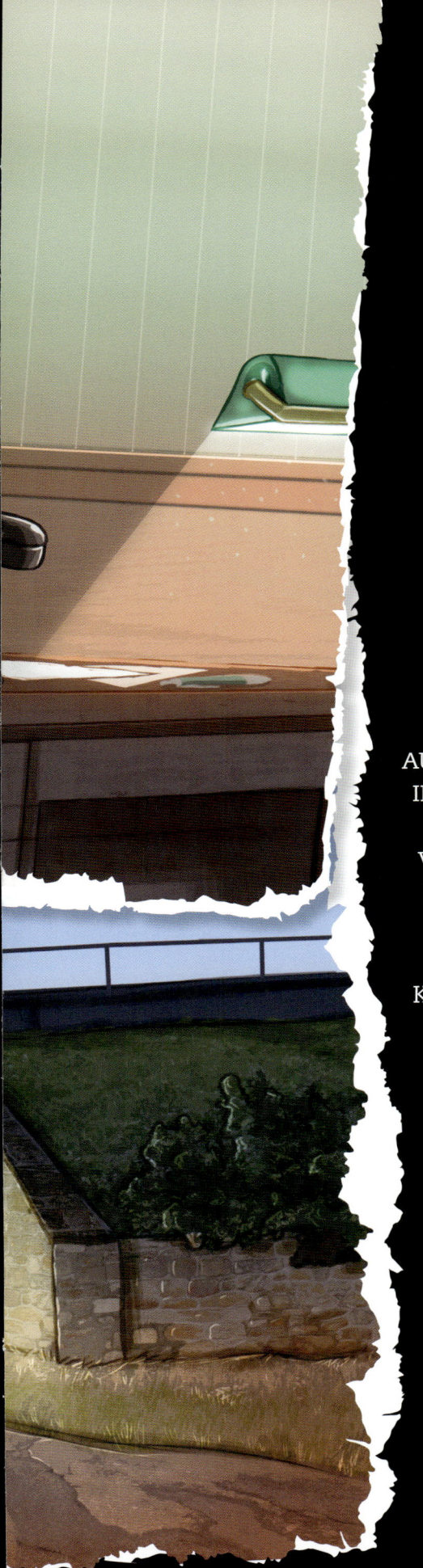

BERÜHMTE VERBRECHER UND UNGELÖSTE FÄLLE

Meistens gelingt es der Polizei, den Verbrechern auf die Spur zu kommen. Vor allem Morde werden fast immer aufgeklärt. Aber natürlich gibt es auch Fälle, die nie gelöst wurden, und Ganoven, die ihren Verfolgern immer wieder ein Schnippchen schlagen konnten. Auf den nächsten Seiten lernst du einige Verbrecher kennen, die richtige Berühmtheiten geworden sind. Außerdem erfährst du von Kriminalfällen, die bis heute ein Rätsel sind, obwohl immer wieder Ermittler versucht haben, Licht ins Dunkel zu bringen.

DER AMERIKANISCHE GANGSTERBOSS AL CAPONE

⭐ DER MANN, DEN SIE SCARFACE NANNTEN

Alfonso Capone wurde 1899 in New York geboren. Als Sohn italienischer Einwanderer hatte er damals keine besonders guten Berufschancen. Deshalb wurde er erst Mitglied einer Jugendbande und arbeitete schließlich für einen Gangsterboss namens Frankie Yale. Yale wurde das große Vorbild des jungen Alfonso, den alle Al nannten. Als Al 18 Jahre alt war, wurde er von einem anderen Gangster im Streit mit einem Messer im Gesicht verwundet. Er bekam deshalb auch noch den Spitznamen „Scarface". Das heißt Narbengesicht.

⭐ KEINE CHANCE FÜR DIE POLIZEI

Mit 26 Jahren stieg Al Capone zum Boss einer eigenen Bande in Chicago auf. Obwohl er genauso brutal wie die anderen Gangsterbosse war, mochten ihn die Leute, weil er sich stets liebenswürdig zeigte und sehr großzügig war. Auch die Zeitungen berichteten über ihn, wodurch er noch populärer wurde. Die Polizei konnte ihm nichts nachweisen, weil niemand gegen ihn aussagen wollte. Manche Menschen verrieten ihn nicht, weil sie Geld von ihm bekommen hatten, andere, weil sie Angst vor ihm hatten.

⭐ IN ALCATRAZ

1931 kam Al Capone doch noch ins Gefängnis. Aber nicht wegen seiner Morde oder des Alkoholschmuggels, sondern wegen Steuerhinterziehung. Weil es ihm gelang, auch im Knast seine Geschäfte weiterzuführen, wurde er 1934 nach Alcatraz verlegt. Das war ein Hochsicherheitsgefängnis auf einer kleinen Insel für die gefährlichsten Verbrecher. Al Capone war dort fünf Jahre inhaftiert, dann wurde er entlassen, weil er krank war. Acht Jahre später ist er im Alter von nur 48 Jahren gestorben.

DIE PROHIBITION

Zu Al Capones Zeiten waren in Amerika der Verkauf von Alkohol und auch das Glücksspiel verboten. Das hatte jedoch zur Folge, dass sich Banden bildeten, die heimlich Alkohol verkauften und Spielsalons betrieben. Viele Leute fanden das gut, weil sie auf beides nicht verzichten wollten. Sie übersahen dabei, dass die Alkoholschmuggler brutale Kriminelle waren, die jeden, der ihre Geschäfte störte, einschüchterten oder sogar ermordeten.

EUGÈNE VIDOCQ – VOM DIEB ZUM BERÜHMTEN DETEKTIV

⭐ GANOVE UND PIRAT

Vidocq war ein Bäckersohn, der 1775 in der französischen Stadt Arras geboren wurde. Er fing schon ziemlich früh an zu klauen. Später lebte er von Diebstahl, Betrügereien und Dokumentenfälschung. Zeitweise war er sogar Pirat. Gelegentlich wurde er gefasst, konnte aber immer wieder fliehen, zum Beispiel indem er im Gefängniskrankenhaus das Gewand einer Nonne stahl, die dort als Krankenpflegerin arbeitete.

⭐ ZUM TODE VERURTEILT

Vidocq war kein besonders großer Verbrecher, aber ungeheuer trickreich. Mit 30 Jahren wurde er erneut gefangen genommen. Obwohl er keine wirklich schlimmen Verbrechen wie zum Beispiel einen Mord begangen hatte, wurde er zum Tode verurteilt. So etwas war damals völlig normal. Vidocq konnte jedoch wieder entfliehen, indem er aus einem offenen Fenster in einen Fluss sprang. Mithilfe seiner Mutter und einer Freundin gelang es ihm, sich vier Jahre lang zu verstecken. Doch er musste gelegentlich Leuten Geld geben, die ihn erkannten und erpressten.

VIDOCQ.

⭐ KARRIERE ALS POLIZEISPITZEL

Als Vidocq das nächste Mal gefangen wurde, bot er der Polizei an, für sie im Gefängnis als Spitzel zu arbeiten. Er horchte seine Mitgefangenen aus und konnte viele wichtige Hinweise geben. Nach zwei Jahren kam er frei, musste aber weiter für die Polizei als Geheimagent arbeiten. Weil er die Tricks der Ganoven so gut kannte, hatte er großen Erfolg. Er bekam deshalb den Auftrag, eine Ermittlergruppe bei der Polizei zu gründen, die Sûreté. Später verließ er die Polizei und wurde Privatdetektiv. Der einstige Ganove wurde als ehrlicher Ermittler zeitweise ziemlich reich. Er starb schließlich mit 82 Jahren an einer Krankheit.

DIE SÛRETÉ

Die von Vidocq gegründete Sûreté Nationale, übersetzt bedeutet das „Nationale Sicherheit", gilt als die erste Kriminalpolizei-Truppe der Welt. Sie hatte am Anfang nur acht Mitglieder. Vidocq aber nutzte nicht nur sein Ganovenwissen, sondern führte als erster kriminalistische Methoden wie Spurensicherung oder ballistische Untersuchungen ein.

DER DREISTE ZUGRÄUBER RONALD BIGGS

★ AUTODIEBSTAHL UND EINBRÜCHE

Eigentlich war Ronald Biggs Zimmermann. Er lebte mit seiner Frau und seinen drei Söhnen südlich von London und beging mit einigen Kumpels immer wieder mal kleinere Verbrechen wie Autodiebstahl oder Ladeneinbruch. Mit dem Geld wollte er ein Haus für seine Familie bauen. Im Jahr 1963 wurden er und seine Freunde jedoch von anderen Gangstern für einen Überfall auf einen Postzug angeheuert.

⭐ DREISTER COUP AM GEBURTSTAG

Am 8. August, genau an Biggs 34. Geburtstag, brachte die Bande den Zug durch ein manipuliertes Eisenbahnsignal zum Stehen. Dann schlugen sie den Zugführer nieder und koppelten die Lok zusammen mit einem Packwagen voller Geldsäcke ab. Danach zwangen sie den benommenen Lokführer an eine bestimmte Stelle zu fahren, wo bereits Lastwagen warteten. Sie erbeuteten über 2,6 Millionen britische Pfund. Heute wären diese etwa 55 Millionen Euro wert. Die Polizei tappte lange im Dunkeln, bis sie ein Versteck der Bande mit vielen Fingerabdrücken fand und die meisten Beteiligten festnehmen konnte.

⭐ FLUCHT NACH BRASILIEN

Auch Ronald Biggs gehörte zu den Festgenommenen. Er wurde zu 30 Jahren Gefängnis verurteilt. Doch schon nach 15 Monaten entkam er mit einer Strickleiter aus dem Knast und floh nach Brasilien. Dort lebte er viele Jahre lang unbehelligt, weil ihn die brasilianischen Behörden nicht nach England auslieferten. Währenddessen wurde die Geschichte von dem Millionenraub sehr populär. Biggs ließ sich dafür bezahlen, dass er Menschen die Geschichte des Überfalls erzählte, und wurde sehr berühmt. Als er 2001 nach England zurückkehrte, musste er trotzdem ins Gefängnis. Acht Jahre später wurde er dann aus gesundheitlichen Gründen begnadigt. Er lebte noch bis 2013 als freier Mann.

DIE GENTLEMEN BITTEN ZUR KASSE

Die berühmteste Verfilmung des großen Postraubs ist der deutsche Dreiteiler Die Gentlemen bitten zur Kasse von 1966. Allerdings stimmt die Geschichte aus dem Film nicht ganz mit der Wirklichkeit überein. Ronald Biggs heißt darin Arthur Finegan.

DAS ATTENTAT AUF JOHN F. KENNEDY

⭐ SCHÜSSE AUF DEN PRÄSIDENTEN

Am 22. November 1963 wurde in der Stadt Dallas in Texas der amerikanische Präsident John F. Kennedy aus dem Hinterhalt erschossen. Die Sicherheitsleute des Präsidenten stürmten natürlich sofort zu dem Ort, von dem aus die Schüsse abgegeben wurden. Es war ein Schulbuchlager. Als sie den Schützen dort nicht mehr finden konnten, begannen sie fieberhaft zu ermitteln.

JOHN F. KENNEDY

LEE HARVEY OSWALD

⭐ EIN VERDÄCHTIGER

Nicht einmal eine Stunde nach dem Attentat, wollte ein Polizist einen Mann anhalten und kontrollieren. Der zog sofort einen Revolver und erschoss den Polizisten. Doch andere Beamte konnten den Mörder wenig später festnehmen. Nun stellten sie fest, dass es sich um einen Angestellten des Schulbuchlagers namens Lee Harvey Oswald handelte. Auch sonst entdeckten sie viele Indizien, die dafür sprachen, dass Oswald nicht nur ein Polizistenmörder war, sondern auch Präsident Kennedy erschossen hatte.

⭐ DIE RÄTSELHAFTE ERMORDUNG DES MÖRDERS

Du denkst wahrscheinlich, dass der Fall mit Oswalds Festnahme gelöst ist. Nun, vielleicht ist er das ja tatsächlich. Aber Oswald selbst beteuerte stets seine Unschuld.
Und zwei Tage nach dem Mord an Kennedy passierte etwas Seltsames. Als die Polizei Oswald in einer Tiefgarage in ein Auto setzen wollte, um ihn ins Bezirksgefängnis zu bringen, tauchte plötzlich ein zwielichtiger Nachtklubbesitzer auf und erschoss Oswald. Um den Präsidenten zu rächen, sagte er später. Doch viele glaubten ihm das nicht. Sie vermuten eine Verschwörung gegen Kennedy und glauben, dass Oswald erschossen wurde, um seine Auftraggeber nicht zu verraten.

DIE SUCHE NACH DEN WAHREN HINTERGRÜNDEN

Bis heute glauben viele Menschen, dass Oswald kein Einzeltäter war. Immer wieder erscheinen Bücher und Zeitungsartikel, die darüber spekulieren, ob Kennedy vielleicht von der Mafia getötet wurde. Oder von seinen politischen Gegnern. Oder von einem ausländischen Geheimdienst. Aber wirkliche Beweise hat noch niemand gefunden.

DIE MORDE VON JACK THE RIPPER

★ EINE SCHEUSSLICHE MORDSERIE

„Jack the Ripper" wird ein Mann genannt, der im Jahr 1888 in London mindestens fünf Frauen getötet haben soll. Seinen wirklichen Namen jedoch kennt man nicht, denn er wurde nie gefasst. Weil die Morde aber ganz besonders scheußlich waren, wurde „Jack the Ripper" berühmt. Die fünf Frauen wurden alle mit entsetzlichen Verletzungen im Londoner Stadtteil Whitechapel gefunden. Das war so grässlich, dass ganz London darüber sprach, obwohl sich die Reichen damals sonst nicht besonders aufregten, wenn Mädchen aus armen Stadtvierteln umkamen.

⭐ VIELLEICHT NOCH MEHR OPFER

Vielleicht hat der „Ripper" sogar noch mehr Opfer auf den Gewissen. Denn damals wurden alleine in Whitechapel innerhalb von drei Jahren elf Frauen ermordet. Aber nur bei fünf davon sind sich die Profiler von damals und heute ziemlich sicher, dass derselbe Täter dahintersteckt.

⭐ ENGLISCHER PRINZ IM VISIER

Die Zeitungen auf der ganzen Welt berichteten über die Jagd nach dem brutalen Mörder. Die Polizei arbeitete natürlich unter Hochdruck. Zwar kannte man viele kriminalistische Methoden von heute noch nicht, aber man versuchte sich schon in Profiling. Tausende von Menschen wurden überprüft, 80 verhaftet. Sogar ein Enkel der Königin geriet in Verdacht, der Frauenmörder zu sein. Letztendlich konnte die Polizei aber keinem ihrer Verdächtigen etwas nachweisen.

DETEKTIVE DER NEUZEIT

Nicht nur damals spekulierte alle Welt, wer „Jack the Ripper" sein könnte. Auch heute noch bemühen sich immer wieder Amateurdetektive, den wahren Mörder zu finden. Sie gehen meist die Polizeiakten und Zeitungen von damals durch und versuchen mit modernen Mitteln noch mehr über die Verdächtigen von damals herauszufinden. Manches ist auch ziemlich verrückt. Ein Forscher behauptete sogar, er hätte in Alice im Wunderland und einem anderen Buch des englischen Autors Lewis Carroll Hinweise gefunden, dass dieser der Serienmörder sei.

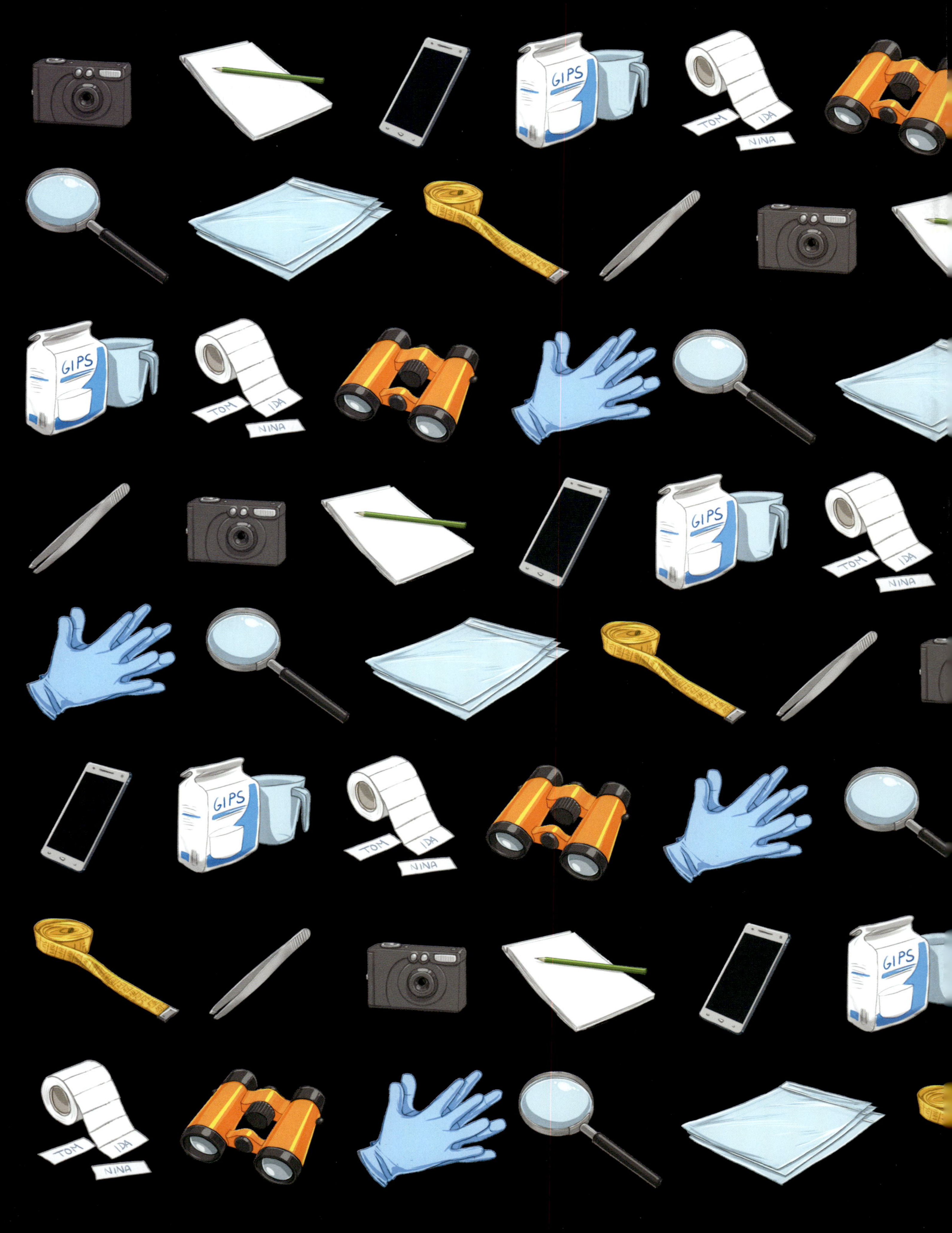
GIPS
TOM
IDA
NINA

JETZT ERMITTELST DU!

HAST DU LUST BEKOMMEN, SELBST DETEKTIV ZU SEIN? IM FOLGENDEN KAPITEL FINDEST DU TRICKS UND KNIFFE, MIT DENEN DU RÄTSEL LÖSEN KANNST. GENAUSO ARBEITEN ECHTE ERMITTLER AUCH. DU WIRST SEHEN, WIE SPANNEND DAS IST, UND MIT DEINER EIGENEN DETEKTIVAUSRÜSTUNG FINGERABDRÜCKE SICHERN, FUSSSPUREN ENTRÄTSELN UND EINE CHEMISCHE ANALYSE MACHEN. ABER BRINGE DICH NICHT IN GEFAHR. SOLLTEST DU EINMAL DEN VERDACHT HABEN, EINE STRAFTAT GESEHEN ZU HABEN, ERZÄHLE ES DEINEN ELTERN UND GEHE MIT IHNEN ZUR POLIZEI.

DEINE DETEKTIVAUSRÜSTUNG

★ UNBEDINGT NÖTIG:

>> Stift und Papier, um gleich alles aufzuschreiben, was du beobachtet hast
>> eine möglichst starke Lupe, um auch winzige Spuren zu entdecken
>> eine Pinzette, um sie einsammeln zu können
>> kleine Plastiktüten, um wichtige Indizien zu verwahren
>> Aufkleber, um die Tüten zu beschriften
>> ein Maßband
>> eine Taschenlampe

⭐ AUCH GUT:

» ein Fotoapparat
» ein Handy
» ein Fernglas
» Gummihandschuhe, um selbst keine Spuren zu hinterlassen
» Pauspapier

⭐ SPEZIALAUSRÜSTUNG:

» ein Mikroskop, um Spuren zu untersuchen
» Gips, um Abdrücke auszugießen
» ein Stempelkissen für Fingerabdrücke

SO GEHST DU DEINEN ERSTEN FALL AN:

1. Du tust als Detektiv nichts, was du sonst auch nicht darfst. Also etwa einfach bei fremden Leuten klingeln oder in fremde Wohnungen oder Gärten gehen. Und natürlich darfst du nicht mit fremden Leuten mitgehen. Ein Detektiv bewahrt stets einen kühlen Kopf und überlegt gut, was er tut!

2. Versuch Freunde zum Mitmachen zu bewegen. Das macht Spaß und ihr habt auch mehr Erfolg!

3. Besonders wichtig für einen Detektiv ist: Genau beobachten, viel fragen, alles aufschreiben! Viel Glück!

DEINE DETEKTIVAUSRÜSTUNG

SO SICHERST DU FINGERABDRÜCKE

WILLST DU HERAUSFINDEN, OB JEMAND IN DEINER ABWESENHEIT IN DEINEM ZIMMER WAR? DAS GELINGT DIR, INDEM DU FINGERABDRÜCKE SICHERST.

DU BRAUCHST:

- Bleistift, Puder oder Kakaopulver
- Plastikfolio oder alte Zeitung
- Pinsel
- Klebestreifen
- ein Stempelkissen für Fingerabdrücke

⭐ SO WIRD'S GEMACHT:

1. Wische die Klinke sauber ab, bevor du das Zimmer verlässt.

2. Stelle Grafitpulver her, indem du eine Bleistiftmine mit einer Feile abreibst. Wenn dir das zu mühsam ist, kannst du auch Puder oder Kakaopulver nehmen.

3. Lege unter deiner Türklinke eine Plastikfolie oder Zeitungspapier aus, um keine Spuren zu hinterlassen. Schließlich soll niemand merken, dass du ermittelst.

4. Inspiziere die Klinke dort, wo beim Greifen in etwa der Daumen landet, mit einer starken Taschenlampe. Siehst du etwas?

5. Trage dort mit einem möglichst dicken, weichen Pinsel das Pulver ganz dünn auf und puste anschließend das überschüssige Pulver weg. Kannst du einen Abdruck erkennen?

6. Dann schneide ein Stück durchsichtigen Klebestreifen zurecht und klebe es vorsichtig über den Fingerabdruck.

7. Ziehe den Klebestreifen ebenso vorsichtig wieder ab und klebe ihn auf ein Papier. Wenn du hellen Puder verwendet hast, dann benutze dunkles Papier.

8. Nun musst du herausfinden, von wem der Fingerabdruck stammt. Entweder bittest du deine Eltern und Geschwister ganz offen, dir ihre Fingerabdrücke zu geben. Dazu lässt du sie ihre Finger erst in ein Stempelkissen mit schwarzer Farbe und dann auf ein Blatt Papier drücken. Wenn du heimlich ermitteln willst, dann musst du dir zum Beispiel Saftgläser und Löffel schnappen, von denen du sicher weißt, wer sie vorher angefasst hat. Dann nimmst du die Fingerabdrücke von diesen Gegenständen genauso wie von deiner Türklinke ab.

9. Nun musst du noch die Fingerabdrücke von der Türklinke mit den anderen vergleichen. Hast du den Eindringling gefunden?

AUFGEPASST!

Um einen guten Abdruck zu bekommen, den du mit anderen vergleichen kannst, musst du sehr sorgfältig arbeiten. Sei nicht enttäuscht, wenn es nicht gleich klappt! Vielleicht probst du erst einmal mit einem Glas, auf dem du selbst einen Abdruck gemacht hast.

SO ENTRÄTSELST DU TIERSPUREN

WELCHE TIERE SIND DURCH EUREN GARTEN GELAUFEN? DAS KANNST DU MIT DER GLEICHEN METHODE HERAUSFINDEN, MIT DER KRIMINALISTEN DIE FUSSABDRÜCKE VON MENSCHEN AN EINEM TATORT SICHERN. AM BESTEN GEHT DAS, WENN ES EINIGE ZEIT VORHER GEREGNET HAT, DENN DANN IST DIE ERDE SCHÖN WEICH UND LÄSST TIEFE, DEUTLICHE ABDRÜCKE ZU.

DU BRAUCHST:
- Pinzette
- Gips
- Karton oder ein Stück Pappe
- Bürste

SO WIRD'S GEMACHT:

1. Zupfe mit einer Pinzette das lose Material aus dem Abdruck.

2. Rühre normalen Gips aus dem Baumarkt an. Die genaue Anleitung dazu steht auf der Packung.

3. Gieße den Gips vorsichtig in den Abdruck, sodass er ganz ausgefüllt ist.

4. Nun musst du etwa 20 Minuten warten, bis der Gips hart wird.

5. Löse den Abdruck vorsichtig aus der Erde und lege ihn in einen Karton oder auf ein großes Stück Pappe.

6. Nun wartest du noch einen Tag, damit der Gips wirklich ganz trocken wird.

7. Erst jetzt entfernst du mit einer Bürste die Erde, die noch an dem Abdruck hängt.

8. Nun brauchst du Bilder, mit denen du deine Abdrücke vergleichen kannst. Du findest sie in Tierbestimmungsbüchern. Aber auch das Internet liefert viele Ergebnisse, wenn du das Wort „Tierspuren" in die Suchmaschine eingibst.

9. Nun musst du nur noch vergleichen.

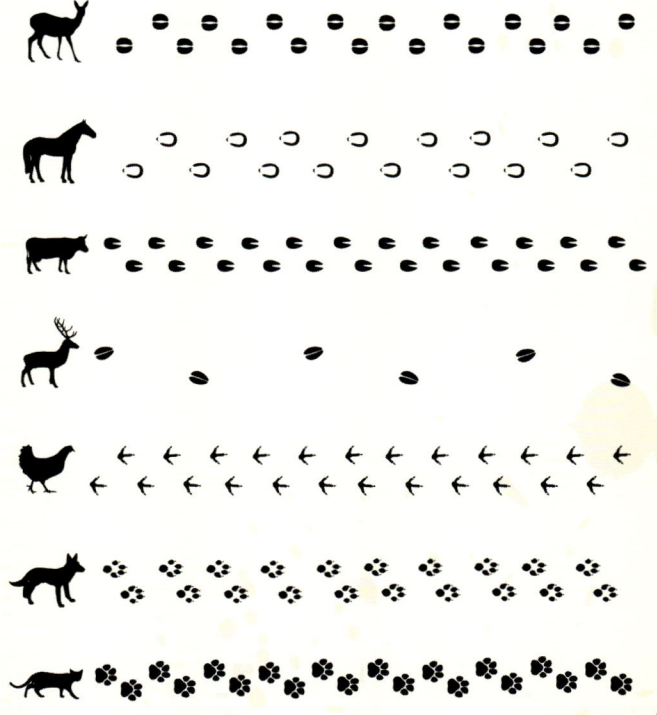

VIELSEITIG ANWENDBAR

Wenn du einen tiefen Schuhabdruck in weicher Erder entdeckst, eignet er sich ebenfalls für einen Gipsabdruck. Mache es so, wie in der Anleitung beschrieben. Den Abdruck kannst du dann genau untersuchen und überlegen, um welche Schuhart es sich handeln könnte und was du über den Besitzer anhand des Abdrucks alles weißt. Hat er große Füße oder eher kleine? Handelt es sich um einen flachen Turnschuh, einen Wanderschuh mit kräftigem Profil, einen Gummistiefel oder um einen leichten Frauenschuh mit Absatz?

SO MACHST DU EINE CHEMISCHE ANALYSE

WILLST DU KRIMINALTECHNIKER SPIELEN UND DEINE FREUNDE ÜBERRASCHEN? DANN MACH DOCH MAL FOLGENDES EXPERIMENT:

DU BRAUCHST:

- verschiedene schwarze Filzstifte oder Tintenschreiber
- Löschpapier oder Kaffeefilter
- Glas mit Wasser

SO WIRD'S GEMACHT:

1. Du nimmst einen schwarzen Filzstift oder Tintenschreiber und schreibst damit etwas auf ein Stück Löschpapier. Wenn du keines hast, geht auch Kaffeefilter.

2. Nun füllst du etwas Wasser in ein Glas und stellst das Papier hinein. Das Wasser soll aber nicht bis zu der Schrift reichen.

3. Jetzt kannst du beobachten, wie das Wasser das Papier hinaufwandert. Das geht bei Löschpapier besonders gut. Wenn es die Schrift erreicht hat, wird diese beginnen zu verschwimmen. Dabei trennen sich die Bestandteile der Farbe des Stiftes.

4. Wiederhole das Experiment mit möglichst vielen anderen schwarzen Stiften. Du wirst feststellen, dass das Muster nach dem Verschwimmen immer etwas anders aussieht, weil die Farbe bei anderen Herstellern nicht aus den gleichen Bestandteilen besteht.

5. Nun hast du dir eine eigene „Datenbank" angelegt. Fordere einen Freund auf, hinter deinem Rücken mit einem der Stifte etwas auf Löschpapier zu schreiben.

6. Stelle auch dieses Papier in Wasser und warte, bis die Schrift verschwimmt.

7. Nun vergleichst du das Muster mit denen aus deiner Datenbank. Findest du die Übereinstimmung? Jede Wette, dass dein Freund dann ganz schön verblüfft ist.

AUS SCHWARZ WIRD BUNT!

Hättest du gedacht, dass unterschiedliche Farben in deinem schwarzen Stift enthalten sind? Das Verfahren der Trennung der im Schwarz versteckten Farben nennt man übrigens Chromatografie.

REGISTER

A
Abdrücke 34 f., 41, 49, 69, 72 f.
Abitur 24
Al Capone 56 f.
Alcatraz 57
Analyse 38, 41, 45, 67, 74 f.
Anklage 21
Anzeige 10
Arzt 33, 46 f., 52
Attentat 62 f.
Aufnahmeprüfung 24
Ausbildung 24, 30
Autodiebstahl 60

B
Ballistiker 42 f.
Banden 15, 57
Betäubungsmittel 51
Beweise 12, 63
Biggs, Ronald 60 f.
BKA 19, 22, 34, 38, 41, 45
Blut 36 ff., 45, 48 ff.
Brandstiftung 11

C
Caroll, Lewis 65
Chance 14, 21, 52, 57
Chemikalien 34, 40
Chicago 57
Chromatografie 75

D
Dallas, Texas 62
Datenbank 34, 38 f., 41, 43, 45, 75
Detektiv 9, 13, 58, 65, 67, 69
Detektivausrüstung 67 ff.
Dezernate 18
DNA 37 f., 44 f.

E
Einschusswinkel 43
Ermittlung 11 ff., 20 ff., 26 ff.
Ermittlungsrichter 21, 29, 46 f.
Experten 30, 34, 39, 41, 53

F
Fallanalytiker 30 f.
Feuer 37, 49
Fingerabdrücke 34 ff., 61, 67, 69 ff.
Flucht 33, 61
Fotograf 32

G
Gangsterboss 56 f.
Gefängnis 10, 14, 57 ff., 61, 63
Geheimagent 59
Genehmigung 21, 29
Gesetz 10, 13 f., 45
Geständnis 21, 26 f.
Gift 50 f., 53
Gipsabdruck 73
Großfahndung 23
Gutachten 22

H
Haare 33, 35, 44 f., 51, 53
Haarprobe 44
Handschuhe 33, 36 f., 40, 42
Hautschuppen 33, 35, 37, 45
Hubschrauber 23
Hundestaffel 23

I
Identität 52 f.
Indizien 21, 49, 62, 68
Insektenforscher 39

J
Jack the Ripper 64 f.

K
Kennedy, John F. 62 f.
Kohlenmonoxid 49
Kommissionen 18
Kriminalkommissar 19, 24 f.
Kriminalpolizei 12, 18, 20, 23 f., 59
Kriminaltechniker 22, 33 f., 36 f., 38, 40, 45, 74
Kriminaltechnisches Institut 42

L
Labor 22, 34 f., 44 f., 50
Lacksplitter 38 f.
Ladendiebstahl 10
Ladeneinbruch 60
LKA 19
Luminol 36

M
Mikroskop 39, 44, 69
Mörder 42, 62 f., 65
Motiv 11 f., 15
Munition 43

N
Notrufzentrale 20
Nummern 33

O
Obduktion 46 ff.
Observation 28
Opfer 11, 13, 35, 37, 42, 45, 49, 51, 53, 65

Oswald, Lee Harvey 62 f.
Overalls 32

P

Patronenhülsen 34
Pflanzenschutzmittel 53
Polizeiakten 65
Polizeidienststelle 25
Polizeihochschule 24
Polizeirevier 26
Polizeischüler 24
Postzug 60
Profiler 30 f., 65
Prohibition 57

R

Rauschmittel 51
Recherche 25
Rechtsmediziner 22, 46 ff., 52
Rekonstruktion 53
Röntgenbild 52

S

Schmauchspuren 42
Schuhabdruck 39, 73
Schusswaffen 23
Schutzkleidung 23, 33
Schutzpolizist 12
SEK 23
Serientäter 31
Sonderkommission 18
Spuren 20 f., 22, 30 ff., 34 ff., 38, 42, 47, 50, 68 ff.
Spurensicherung 22, 24 f., 34 ff., 59
Staatsanwalt 21, 46
Straftat 12, 14, 29, 31, 41, 67
Streifenpolizisten 20, 23
Sûreté Nationale 59

T

Tatort 20 f., 24, 32 ff., 36, 38 ff., 43 ff., 47, 72
Tatortsicherung 32 f.
Tatwaffe 23, 36 f., 43
Tatwerkzeug 48
Tierspuren 72 f.
Todeszeitpunkt 48
Toxikologen 50 f., 53
Tricks 26 f., 34, 53, 59, 67

U

Uniform 12
Universitätsklinik 22
Unschuld 63

V

Verbrecherjagd 17, 22
Vernehmung 19, 24, 26 f.
Verstöße 10
Vidocq, Eugène 58 f.

W

Whitechapel 65
Wissenschaftler 22

Z

Zahnarzt 52
Zeugen 20 f., 25 f.

BILDNACHWEIS

fotolia.com: Photographee.eu 14 o.; Paul 15 u.; Heiko Barth 20; Robert Kneschke 24 o.; WoGi 30 o.; AA+W 30 u.; Innovated Captures 31 u.; hydebrink 34 u., 52 o.; Andreas Gruhl 35 o.; artfocus 35 u.; popup1 41 o.; vitstudio 44 u.; sudok1 48 o.; tonhom1009 48 u.; sudok1 49 u.; alexin0 52 u.; Kara 53 u., PixlMakr 73 u.
mauritius images: mauritius images / Cultura / Andrew Brookes 40 o., 44 o.; mauritius images / Hero Images 40 u.; mauritius images / BSIP / AMELIE-BENOIST 45 o.
shutterstock.com: dreamerve 15 o.; Andrey_Popov 21 u.; jdwfoto 25 u.